義淨大師

高僧傳

比肩玄奘

編撰—釋振溥

【編撰者簡介】

釋振溥

馬來西亞霹靂州怡保人。

馬來西亞佛學院、法鼓山中華佛學研究所、國立臺灣師範大學國文學系畢業。國立臺灣師範大學歷史學系碩士。

幼年學佛，好親近道場。一九九九年依止現馬來西亞吉隆坡金剛禪寺住持宗宏法師剃度出家。二〇〇〇年於高雄阿蓮鄉光德寺受三壇大戒。

在撰寫中華佛學研究所畢業論文的過程中，深感史學、小學（文字、訓詁、聲韻）等文史學科的掌握，有助於解讀佛典，故而研習至今。

現就讀國立臺灣師範大學國文學系博士班。

【「高僧傳」系列編輯序】

令眾生生歡喜者，則令一切如來歡喜

「為佛教，為眾生」六個字，乃是印順法師於臺北市龍江街慧日講堂（後因大門遷移，地址遷至朱崙街）為證嚴法師授予三皈依、並賜法名時的殷殷叮囑：「既然出家了，你要時時刻刻為佛教、為眾生。」

依證嚴法師解釋：「為佛教」是內修清淨行，「為眾生」則要挑起如來家業，走入人群救度眾生。因此法師稟承師訓，一心一志「為佛教還原教義，為眾生點亮心燈」，而開展慈濟眾生的志業。

歷代高僧之「為佛教、為眾生」

證嚴法師開創「靜思法脈，慈濟宗門」，並將其與「為佛教，為眾生」合釋：「靜思法脈」乃「為佛教」，是智慧；「慈濟宗門」即「為眾生」，是大愛。

進而言之，「靜思法脈，慈濟宗門」即菩薩道所強調的「悲智雙運」：「靜思法脈」是「智」，「慈濟宗門」是「悲」；傳承法脈、弘揚宗門就要「悲智雙運」，積極在人間發揮慈、悲、喜、捨四無量心。此亦即慈濟人開展四大志業、八大法印時的根本心要。

由其強調「悲智雙運」可知，「靜思法脈，慈濟宗門」並非標新立異，而是傳承佛陀教法以及漢傳佛教歷代高僧的教誨——包括身教與言教，並要求身心皆徹底踐履。為了讓世人明瞭慈濟宗門之初心與悲願，也讓這些歷代高僧的事蹟與精神更廣為人知，大愛電視臺秉持證嚴法師的信念，於二〇〇三年起陸續製作《鑑真大和尚》與《印順導師傳》動畫電影，將佛教史上高僧大德的動人故事，經由動畫電影的形式，傳遞到全世界。

因為電影的成功，大愛電視臺進一步籌畫更詳盡的電視版〈高僧傳〉——採取臺灣民眾雅俗共賞的歌仔戲形式。〈高僧傳〉的每一部劇本都是經過數個月的資料研讀與整理，縝密思考後才下筆，句句考證、字字斟酌。製作團隊感受到每一位大師皆以身作則、行菩薩道的特質，希望將每位高僧的大願與大行傳遍世界。

然而，不論是動畫或戲劇，恐難完整呈現《高僧傳》中所載之生命歷程，以及諸位高僧與祖師之思想以及對後世之貢獻。因此，慈濟人文志業中心便就〈高僧傳〉歌仔戲所演繹過的高僧，以《高僧傳》及《續高僧傳》之原著為基礎，含括了日、韓等國之佛教史上的知名高僧，編撰「高僧傳」系列叢書。我們不採取坊間已有之小說體形式，而是嚴謹地參照人物評傳的現代寫法，參酌相關之史著及評論，對其事蹟有所探討與省思，並將其社會背景、思想及影響皆納入，雜揉編撰，內容包括高僧的生平、傳承及主要思想或重要經典簡介。從中，我們不僅可以讀到歷代高僧的智慧與悲心，亦可一覽相關的佛教史地、典籍與思想。

在編輯過程中，我們可以看到歷代高僧之「為佛教，為眾生」：鳩摩羅什飽受戰亂、顛沛流離，仍戮力譯經，得令後人傳誦不絕，乃是為利益眾生；玄奘歷萬里之險取得梵本佛經、致力翻譯，其苦心孤詣，是為利益眾生；鑑真六次渡海欲至東瀛傳戒，眼盲亦不悔，是為利益眾生；六祖惠能隱居十五載以避害身之禍，只為弘揚如來心法，並言「佛法在世間，不離世間覺；離世求菩提，猶如覓兔角」，亦是為利益眾生……

這些高僧祖師大可獨善其身、如法修行以得解脫，為何要為法忘身、受諸逆境而不退？究其根本，他們不只是為了參究佛法，而是深知弘揚大乘佛法的目的乃在於大慈大悲地度化眾生、讓眾生能得安樂；若不能讓眾生同霑法益，求法何用？如《大智度論．卷二七》所云：

一切諸佛法中，慈悲為大；若無大慈大悲，便早入涅槃。

由此可知，就大乘精神而言，「為佛教」即應「為眾生」，實為一體之兩面。

「大悲」為「諸佛之祖母」

除了歷代高僧之示現，「為眾生」之菩薩道的實踐，於經教中更是多不勝數、歷歷可證。例如，《無量義經．德行品第一》便說明了菩薩作為眾生之大導師、大船師、大醫王之無量大悲：

無量大悲救苦眾生，是諸眾生真善知識，是諸眾生大良福田，是諸眾生不請之師，是諸眾生安隱樂處、救處、護處、大依止處。處處為眾作大導師，能為生盲而作眼目，聾劓啞者作耳鼻舌；諸根毀缺能令具足，顛狂荒亂作大正念。船師、大船師運載群生渡生死河，置涅槃岸；醫王、大醫王，分別病相曉了藥性，隨病授藥令眾樂服；調御、大調御，無諸放逸行，猶如象馬師，能調無不調；師子勇猛，威伏眾獸，難可沮壞。

如來於《法華經．觀世音菩薩普門品》中宣說，觀世音菩薩更以三十三種應化身度化眾生：

佛告無盡意菩薩：善男子，若有國土眾生，應以佛身得度者，觀世音菩薩即現佛身而為說法；應以辟支佛身得度者，即現辟支佛身而為說法；應以聲聞身得度者，即現聲聞身而為說法；應以梵王身得度者，即現梵王身而為說法；應以帝釋身得度者，即現帝釋身而為說法……應以天龍、夜叉、乾闥婆、阿修羅、迦樓羅、緊那羅、摩侯羅伽、人非人等身得度者，即皆現之而為說法；應以執金剛神得度者，即現執金剛神而為說法。無盡意，是觀世音菩薩成就如是功德，以種種形遊諸國土，度脫眾生，是故汝等應當一心供養觀世音菩薩。是觀世音菩薩摩訶薩，於怖畏急難之中能施無畏，是故此娑婆世界皆號之為施無畏者。

為何觀世音菩薩要聞聲救苦？因為菩薩總是「人傷我痛、人苦我悲」，恆以「利他」為念。如《大丈夫論》所云：

菩薩見他苦時，即是菩薩極苦；見他樂時，即是菩薩大樂。以是故，菩薩恆為利他。

正是因為這般順隨眾生、「以種種形」而令其無畏的無量悲心，讓觀世音菩薩受到漢傳佛教乃至於華人民間信仰的共同崇敬。慈濟人之所以超越貧富、超越國界、超越宗教地去關懷與膚慰需要幫助的生命，便是效法觀世音菩薩無量悲心、無量應化的精神。

在《法華經．普賢菩薩勸發品》中發願、將於佛滅後守護及教導受持《法華經》之眾生的普賢菩薩，於《華嚴經．普賢行願品》中則教導善財童子如何供養諸佛，亦揭示了如來、菩薩、眾生的關係：

於諸病苦，為作良醫；於失道者，示其正路；於闇夜中，為作光明；於貧窮者，令得伏藏。菩薩如是平等饒益一切眾生。何以故？菩薩若能隨順眾生，則為隨順供養諸佛；若於眾生，尊重承事，則為尊重承事如來；若令眾生生歡喜者，則令一切如來歡喜。何以故？諸佛如來，以大悲心而為體故。因於眾生，而起大悲；因於大悲，生菩提心；因菩提心，成等正覺。……若諸菩薩，以大悲水饒益眾生，則能成就阿耨多羅三藐三菩提故。是故菩提，屬於眾生；若無眾生，一切菩薩終不能成無上正覺。善男子，汝於此義，應如是解。以於眾生心平等故，則能成就圓滿大悲；以大悲心隨眾生故，則能成就供養如來。

《大智度論．卷二〇》亦云，佛陀強調，大悲心乃是諸佛菩薩之根本，具大悲心方能得般若智慧，亦方能成佛：

> 大悲，是一切諸佛、菩薩功德之根本，是般若波羅蜜之母，諸佛之祖母。菩薩以大悲心，故得般若波羅蜜；得般若波羅蜜，故得作佛。

「菩薩若能隨順眾生，則為隨順供養諸佛；若於眾生，尊重承事，則為尊重承事如來；若令眾生生歡喜者，則令一切如來歡喜。」閱及此段，不禁令人深深體會證嚴法師之智慧與悲心：慈濟宗門四大、八印之聞聲救苦、無量應化地「為眾生」，也是同時「為佛教」地供養諸佛、令一切如來歡喜啊！

歷代高僧雖未如慈濟宗門般推動慈善、醫療、乃至於環保、國際賑災等志業，乃因其時空因素，欲度化眾生先以弘揚大乘經教與法義為重；現今經教已備，所須的乃是效法菩薩道之力行實踐！慈濟宗門便是上承歷代高僧與經論之教法，推動四大、八印，行菩薩道饒益眾生，以此供養如來。

換言之，歷代高僧之風範、智慧及悲願，為佛教，也為眾生，此即諸佛菩薩之本懷，亦為慈濟宗門之本懷！這便是《高僧傳》系列叢書所欲彰顯者。

遙企歷代高僧儼然身影，我們可以肯定：為眾生，便是為佛教；為佛教，一定要為眾生！

【推薦序】

世學與佛法皆得增益的高僧傳記

——朱鴻（國立臺灣師範大學歷史學系退休教授）

人物傳記能激發讀者與人物間生命的交流與互動，進一步影響人格特質的發展，甚至成為一生效法與學習的典範。

義淨大師，這位被譽為四大譯經師之一的唐代佛教譯經僧，同時也是不畏生死、遠涉重洋到印度求法的大德。他的生平經歷對世人而言就相當勵志。

義淨大師一路走來如何立定志願？在他的生命中，什麼人、什麼事影響著他，塑造出後來的他？在籌備西行的過程中，以及在遊歷的旅途中，遭遇了怎樣的艱險、困難？他在面對障礙與挫折時，又是什麼力量推動他繼續前進？

他對後世又有著怎樣的影響？他在中國佛教西行求法史以及譯經史中的定位如何？這些都將在振溥法師所著的《義淨大師》中一一細述。

我與振溥法師結緣於民國九十六年（西元二〇〇七年），當時他是師大國文系大一新生，通識課程歷史領域的必修課被分配到我任教的「歷史與文化」，之後又選修歷史學系開設的九十八學年度「明清古蹟與文物」。從國文系畢業後，法師順利申請到師大歷史系碩士班，並請我當他的論文指導教授。

法師雖然是馬來西亞籍學生，但中文能力不亞於本地同學。他的興趣廣泛，涉獵的知識層面頗為多元，專業領域方面涉及佛學、文獻學、史學、敘事學等學科。《義淨大師》是法師第一部正式出版的書；透過質樸的文筆，他將精細的考證成果，寫成平實易懂的敘事，足見他在運用跨領域學識方面的嫻熟。我忝為法師的老師，喜見其努力成果即將面世。

從知識層面而言，本書採用的資料廣博，能夠讓讀者對中國佛教西行求法史有較全面的認識；在佛教信仰方面，義淨大師為法忘軀的精神足以為後人在佛法修習上的楷模。世學與佛法兩者皆得增益，是本書值得收藏與閱讀之處，本人也樂為推薦此書。

提筆寫這篇推薦序，也期待振溥法師能再接再厲，將碩士論文〈明代官版佛教大藏經《永樂北藏》刊印與頒賜研究〉修改後出版成書，嘉惠士林，為明代佛教史的研究做出貢獻。

【編撰者序】

不顧身命的求法之志

知道佛教史上有「義淨」這個名號，是在位於檳城的馬來西亞佛學院求學時。那時候，宿舍自修室外的走廊上掛著幾幅院長竺摩長老的書法，其中一幅就是義淨法師的取經詩：

晉宋齊梁唐代間　高僧求法離長安　去人成百歸無十　後者安知前者難
路遠碧天唯冷結　砂河遮日力疲殫　後賢如未諳斯旨　往往將經容易看

初識此詩，心中就有所感。這或許是因為自己也有遠行求法的經歷吧！

一九九五年十二月，新學年的開學日落在這個月，我提著簡單行李，背著背包，搭乘從霹靂州怡保開往檳城北海的火車，踏上我的求法之路。這一路又是火車、又是渡輪、計程車，懷著忐忑不安又帶著些許興奮、期盼的心情，花了數小時才摸黑抵達馬來西亞佛學院。

雖然這段路程比起歷代高僧大德西行求法之路而言，實在算不了什麼，但是對於第一次獨自遠行的我來說，卻是漫長且深刻的。因為有這樣的經歷，第一次看到義淨法師的取經詩時，才會產生共鳴。之後二十餘年，隨著對教史、教理、教制的認識越多，心中的感觸越深。

因此，在二〇一八年十二月輾轉獲得為慈濟人文志業基金會撰寫《義淨大師》的機會時，斟酌了一下自己的能力之後就欣然接受這份任務。當時心中不覺感歎：因緣真不可思議啊！

為了讓讀者瞭解義淨法師在中國佛教西行求法史中的定位，從史料有載的西行求法第一人朱士行到與義淨法師同時期的求法諸僧，本書大都有所述及。

若有人問，讀了這麼多求法僧事蹟，該如何形容西行求法這件事？

我會回答說：難。

西行求法之難，難在於糾集志同道合的旅伴，難在於籌集盤纏資具，難在於路途能保平安，難在於無病無災；而最困難的是，在諸般考驗、挫折中仍能不退失菩提心。無論是遠涉重洋，或是橫越沙漠，從踏出國境那一刻起，身後背著故土，而等在面前的是一切未知，包括生死。面對未知，一般人往往是恐懼、害怕的，前賢在求法路上面對生死考驗時心中也難免恐慌；但由於他們對三寶有著堅定不移的信心，以及懷有不顧身命的求法之志，支撐著他們勇往前行。這是值得後人學習的地方。

當然，西行求法史只是本書的部分內容；義淨法師是傳主，敘述的重點自然是其人、其事。歷史不外乎人、事、物、時、地，因緣起而和合，因無常而碎散。歷史敘事者就像玩拼圖，將散落在不同角落的歷史碎片，逐一撿拾，重新拼湊，試著還原本來的歷史樣貌。撰寫《義淨大師》的過程也是如此，從古代史料、文獻和現代參考資料中，梳理出可用的資料，以「示現」和「影響」兩大部分，盡可能如實地向大家介紹義淨法師的生平和貢獻。

目錄

「高僧傳」系列編輯序 003
令眾生生歡喜者，
則令一切如來歡喜
推薦序
世學與佛法皆得增益的高僧傳記 朱鴻 012
編撰者序
不顧身命的求法之志 015
示現
緣起　魏晉南北朝西行求法活動 025
晉宋齊梁唐代間，高僧求法離長安；去人成百歸無十，後者安知前者難。路遠碧天唯冷結，砂河遮日力疲殫。後賢如未諳斯旨，往往將經容易看。
魏晉：求法探索期 030
東晉南北朝：求法風氣形成期 042
第一章　誕生・出家 055
沙門釋義淨，齊州人，俗姓張，字文明，髫齔之年辭榮落彩。
耕讀傳家的張家 056
好樂蘭若的僧朗 060
博學多聞的善遇 078
專持《法華》的慧智 081
善遇、慧智離山，入世建寺度眾 084

第二章　受學．立志　091

於是遍詢名匠，廣探群籍；內外閑曉，今古遍知。年十有五，志遊西域；仰法顯之雅操，慕玄奘之高風。加以勤無棄時，手不釋卷。弱冠登具，逾厲堅貞。

初入土窟寺　092
正式成為官方許可的出家人　098
為求佛法犯禁離唐的玄奘　104
受具習律，聽講大經　110
負笈遊學，研習諸論　118

第三章　渡海求法　129

初結誓同志數滿十人。洎乎汎舶，餘皆退罷，唯淨堅心轉熾，遂即孤行。備歷艱難，漸達印度。

辭師遠行　131
選擇從海路赴印　133
初抵室利佛逝　142
途中經末羅瑜、羯荼、裸人等國　145
遇大乘燈，學習聲論　147
往那爛陀，途中遇險　148
印度最高佛教學府那爛陀寺　150
遇大唐諸僧　156
四處遊歷參學　162

第四章　歸國譯經　169

凡所歷遊三十餘國，往來問道出二十年。以天后證聖之元乙未仲夏，還至河洛。……天后敬法重人，親迎於上東門外。
循原路泛海回唐 170
停留室利佛逝著述、譯經 173
武后稱帝，改國號大周 181
還至洛陽，武曌親迎 190
往來兩京翻譯佛典 197
於長安大薦福寺敕設翻經院譯經 202
第五章　最後身影 215
三藏義淨道心惟微，德宇增峻。既韞瀉瓶之智，方通慧鏡之明。幽詣絕域，躬傳祕藏。遺文大備，比羅什之總持；析理入微，等生公之懸解。境對而現，緣離示滅。
義淨遺言 218
萬人送葬 223
影響
壹．《大唐西域求法高僧傳》與唐代西行求法活動 231
或亡飡幾日，輟飲數晨，可謂思慮銷精神，憂勞排正色。致使去者數盈半百，留者僅有幾人。
義淨筆下的唐代西行求法盛況 236
《大唐西域求法高僧傳》的史料價值 256
西行求法的風險與考驗 268

貳・《南海寄歸內法傳》：義淨的佛國考察記錄和心得 275

神州持律，諸部互牽，而講說撰錄之家，遂乃章鈔繁雜。五篇七聚，易處更難。方便犯持，顯而還隱。

《南海寄歸內法傳》著述緣由 276

羅列四十條佛教儀軌 279

參・義淨的譯場職司和主要譯著 313

淨雖遍翻三藏，而偏攻律部。譯綴之暇，曲授學徒；凡所行事，皆尚急護；漉囊滌穢，特異常倫；學侶傳行，遍於京洛。

義淨的譯場組織和成員 314

義淨的重要譯著 338

附錄

義淨大師年譜 376

義淨譯經、著作編年 385

參考資料 394

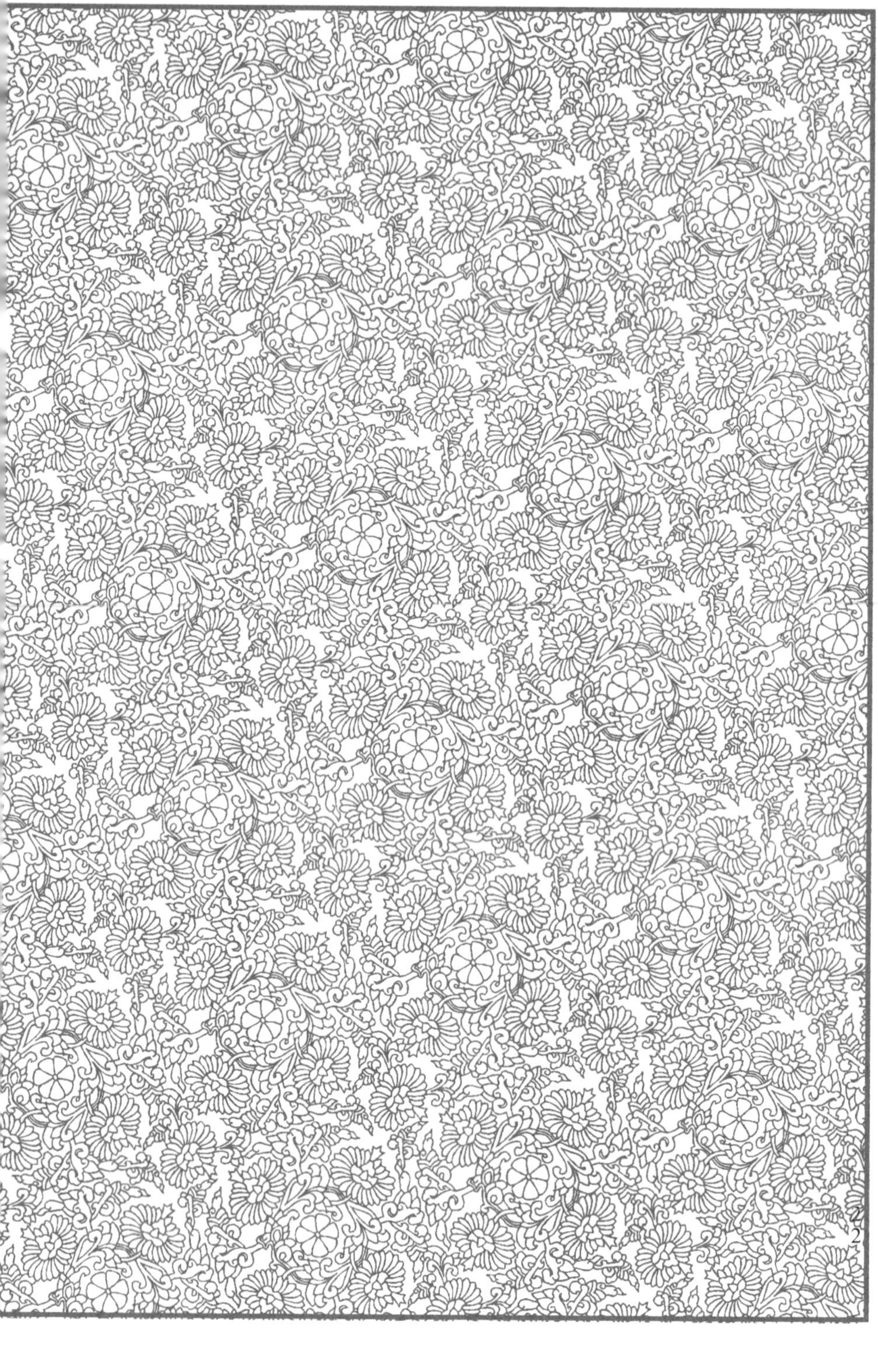

示現

緣起　魏晉南北朝西行求法活動

晉宋齊粱唐代間，高僧求法離長安；
去人成百歸無十，後者安知前者難。
路遠碧天唯冷結，砂河遮日力疲殫。
後賢如未諳斯旨，往往將經容易看。

佛經源於佛陀宣說的教法；佛陀說法，弟子憶持修習。佛滅後，弟子憑著記憶，輾轉口耳相授；日子一久，大家發現各自習誦的教法有所出入。於是集合主要的弟子，相互背誦、審定，最後結集出大家認同的版本。

第一次結集是迦葉尊者召開，由阿難尊者誦出法的內容，優波離尊者誦出律的內容，最後再由與會弟子審定。之後數百年間，經過多次的結集，逐漸形成內容豐富的三藏聖典。

「三藏」（梵：tripiṭaka），依佛典內容的性質，分為「經」（梵：sūtrapiṭaka）、「律」（梵：vinayapiṭaka）、「論」（梵：abhidharmapiṭaka）三大類。簡單地說，經藏是佛所傳授的法義，律藏是佛為弟子訂立的生活規則和行止規範，論藏主是分析、統整、詮釋經義的典籍。

現代出版印刷技術發達，印製書籍的成本相對低廉；加上佛門弟子樂於助印佛經，以求功德；因此，印刷精美的經典、佛書，相當容易免費取得。進入電腦網路時代，數位化成為趨勢，佛典也不能免俗。隨著行動裝置的普及和多元性發展，內容豐富、功能強大的跨平臺佛典應用程式和線上閱讀器也應運而生。如今，只要動一動指頭，整部《大藏經》都可以免費下載。

然而，當代方便閱覽的佛教經典，最初其實得來不易。

兩千五百多年前，佛教發源於印度，約莫在兩漢之際傳入中國。佛法得以流傳於華夏，除了釋門僧徒的身教口傳，佛經的翻譯和流通也是重要的因素。如今可隨手拈來的漢文三藏典籍，最初得以在中土傳播，是眾多東西往來的傳法、求法者，為之付出血汗、甚至性命的結果。

據歷代佛典目錄所載，自漢至清，縱觀一千八百餘年的譯經求法活動，主要人物共有兩百餘人；這是史上有記載的人數，消失在歷史洪流中、不為人所知者，則不知凡幾。在這當中，又以往來中西（印度、西域）兩地傳法、求法的僧俗二眾，付出最多、貢獻最大。為什麼？因為這一趟路程並不容易。

中國與印度距離多遠？以現代中國洛陽與印度菩提迦耶為例，兩地直線距離約相隔兩千八百多公里，轉兩趟飛機也只花不到三十小時即可抵達。然而，古代交通不便，來回一趟，行程歷時是以年計。

不僅耗時，路途也不平順。如若循陸路遠行，除了騎馬，就是步行；徒步翻山，遇水乘舟；橫跨西域大漠則騎駱駝，但大多數人都是靠著雙腳艱難行走。假設走海路，詭異多變的海洋氣候，隨時會帶來覆船之危。亦遠赴印度取經的義淨因而賦詩嘆云：

> 晉宋齊梁唐代間，高僧求法離長安；去人成百歸無十，後者安知前者難。

路遠碧天唯冷結，砂河遮日力疲殫。後賢如未諳斯旨，往往將經容易看。

此詩雖然是針對求法僧而言；然而，無論是傳法僧東來，抑或是漢地僧西往，其路途都不會是平順無礙的。正如義淨詩中所言「去人成百歸無十」，路遠且艱，九死一生，實際的西行人數應該是數倍於史料所載。

無論是來華的異域僧俗，抑或是返歸中土的求法者，能為史料所記，皆是成功橫越茫茫黃沙、航渡洶湧大海的人，而喪命於途中、客死他鄉者不計其數。

既然路途艱辛凶險，何以歷朝歷代都有中土僧人願意冒著生命危險，前仆後繼，赴印求法？

或許，從中國西行取經者身上可見端倪。

若從求法行程的完整性及前赴求法者的人數來看，魏晉時期的西行求法活動尚處於探索的階段；到了東晉南北朝，求法風氣逐漸形成，之後大盛於隋唐。以下且以各個時期的重要人物行蹟，瞭解當時的求法情況。

東漢是佛典剛被引入中土的時期，基本上是西方僧俗攜經而來，其中以安世高、支婁迦讖二位高僧為主。兩人所譯的經典正好分別屬於佛教兩大系統：聲聞系與菩薩系，也就是一般所謂「小乘」和「大乘」。

安世高是西域安息國捨位出家的王子。漢桓帝在位年間（西元一四六至一六八年），安世高來到中國弘傳佛法，漢靈帝年間（西元一六八至一八九年）寂於會稽（今浙江紹興）。

安世高鑽研聲聞經典，精通阿毘曇以及禪經，他所翻譯的三十餘部典籍亦屬此類。《出三藏記集》（註一）的編撰者僧祐評論安世高的譯經「義理明析，文字允正，辯而不華，質而不野」，讓人一讀起來就無法釋卷。

支婁迦讖（Lokakṣema，或簡稱支讖）是月支國僧人，比安世高稍晚來到中國。支婁迦讖活躍於漢靈帝在位時期。他所譯的二十餘部經典多屬大乘佛教系統，包括《般若道行品經》、《首楞嚴三昧經》、《般舟三昧經》等。

支婁迦讖透過大乘經典的傳譯，為中國佛教引入了般若性空的思想。比起安世高的聲聞禪學，般若思想更能與東漢末年逐漸興起的玄學思潮相呼應，因而引起當時士人學者的研習與趣，開啟了中國佛教般若學之先。魏晉時期，更興起了被稱之為「格義」的經典詮釋風氣。

僧祐認為支婁迦讖的譯文「審得本旨，了不加飾」，這或許是正面的評價。然而，這種不加文飾的譯語，比後期鳩摩羅什、玄奘等人所譯的經典，卻顯得較為艱澀難懂。

經典譯文的艱澀、缺漏，往往造成理解上的困擾，這也使得想要深入研習者生起尋求原典、完整經本的想法。史上記載西行求法第一人的朱士行，就是基於這樣的原因，發願西渡尋經。

朱士行（西元二〇三至二八二年）是東漢末年潁川人（今河南中部）。少年出家，專志於研習經典。據傳，朱士行是中國佛教史上第一位比丘。佛教傳入中國之初，戒法律儀並不完備，捨俗出家者因此只受三歸依。這樣的情況下，不僅無法區分比丘大僧和沙彌小眾的差別，本質上也與白衣居士無異。

曹魏嘉平二年（西元二五〇年），中天竺僧曇柯迦羅（Dharmakāla）遊化至洛陽，駐錫在白馬寺。洛陽諸僧得知曇柯迦羅諳習大小乘經以及各部毘尼，於是共往禮請曇柯迦羅翻譯戒律。曇柯迦羅考慮到律部條文繁雜，並不適合當時尚不昌盛的漢地佛教沿用；因此，他僅譯出《僧祇戒心》（摩訶僧祇部之戒本一卷），以供漢地僧人日常軌範所用，並請梵僧立羯磨法傳授戒律。朱士行以此因緣得受比丘戒。

三國分立時，朱士行於曹魏國都洛陽宣講《道行經》。朱士行手上的《道行經》是竺佛朔譯本，與支婁迦讖所譯《般若道行品經》為同本異譯。朱士行發現《道行經》文義簡略疏漏，不由得慨嘆：「這部經典是大乘的要旨，卻沒有完全的將義理翻譯出來。」因此，他立下誓願，不惜身命去求得完整的經本。

於是，曹魏甘露五年（西元二六〇年），朱士行與弟子弗如檀等人從雍州（今甘肅、陝西、寧夏、部分內蒙地區）出發，西渡沙漠，一路尋尋覓覓，終於在西域佛國之一的于闐，得償所願，找到了胡本《放光般若經》。

不過，事情並非總是那麼順利。正當朱士行準備派遣弟子弗如檀將抄本送回洛陽時，遭到了于闐國小乘學眾的阻撓。《放光般若經》是大乘經典，在于闐國小乘行者的眼中卻成了外道婆羅門典籍。為了維護他們所認定的正法，於是群起勸諫于闐王說：「身為一國之主，有責任不讓漢地出家人將經典帶回中土，免得斷滅漢地的佛法。」于闐王接納了諫言，禁止弗如檀攜經歸國。

朱士行獲悉後痛心不已，當即面見國王，要求焚經為證，國王點頭應允。於是，朱士行在王宮大殿前架起柴薪，臨點火前發出諦語道：「如果佛法應在漢地傳播，這經典將燃燒不起來！」

話剛落下，朱士行旋即將手上的經典投入火中。就在此時，神奇的事情發生了——當經冊碰到火焰時，非但燒不起來，火勢更立即熄滅！在場群眾都被這樣的感通現象所攝服。于闐王便兌現他的承諾，讓朱士行的弟子弗如檀將《放光般若經》帶回中土。

晉武帝太康三年（西元二八二年），隨師離鄉二十餘年的弗如檀，終於返抵洛陽。歸國之後，弗如檀帶著經本一再遷移，想方設法促成經典的翻譯；然而，因緣始終不具足。

譯經一事延宕多年，直至晉惠帝元康元年（西元二九一年），在陳留（今河南開封陳留鎮）倉垣水南寺，才由于闐比丘無羅叉，協同河南天竺裔居士竺叔蘭等人，將九十章共六十餘萬言的《放光般若經》譯為漢語。

朱士行西行求法，圓滿了自己的心願；不過，基於後人無法得知的原因，他本人終其一生未再返回故土，以八十高齡在于闐去世。

雖然朱士行只尋得《放光般若經》，但是此經對於《道行經》的解讀卻有莫大的幫助。晉代高僧道安曾謂：「假如沒有《放光般若經》，又如何能夠解讀《道行經》！」道安相當重視般若經典的研究，他著有《光讚折中解》、《光讚抄解》、《道行品集異注》，也為〈般若放光品〉撰〈折疑準〉、〈折疑略〉、〈盡解〉等，對中國佛教般若學影響深遠。朱士行為漢地佛教引入《放光般若經》，其功亦不可沒。

與朱士行同時期，另有一位同樣懷著宏揚大乘佛法之心、加入西行求法行列的僧人，他就是人稱「敦煌菩薩」的竺法護（西元二二九至三〇六年）。

竺法護出生在三國鼎立之時，他的祖輩是世居敦煌的月支人（又稱「月氏」）。這時候的敦煌隸屬曹魏，是涼州七郡之一。

敦煌雖然地處邊陲，黃沙漫漫，沙丘無垠，卻是漢代以降東西往來的交通樞紐。由於地理位置的特殊性，使得敦煌成為東西方語言、文化、風俗交會之地。法護生長在這樣一個多元文化的地方，有機會接觸、學習不同的語言文化，對於日後從事佛典翻譯，提供了有利的基礎條件。

法護八歲的時候，跟隨來自天竺的僧人竺高座出家，獲賜法名「曇摩羅察」（Dharma-rakṣa），漢譯「法護」，史稱「竺法護」、「支法護」。法護本不姓「竺」，也不姓「支」。中國古代佛教史家習慣以外國緇素的籍貫來為其冠姓，這樣的作法或許是方便知道該人物來自何方。法護的師父來自天竺，故史家稱其為竺高座；法護出家後隨師姓，是為「竺法護」；而稱法護為「支法護」者，則因為法護祖籍月支。

後來的僧人為何姓「釋」？這就與東晉道安法師有關。據《高僧傳．卷五．釋道安》云：

初魏晉沙門依師為姓，故姓各不同。安以為大師之本莫尊釋迦，乃以「釋」命氏。後獲《增一阿含》，果稱：四河入海無復河名，四姓為沙門皆稱釋種。既懸與經符，遂為永式。

道安認為，釋迦牟尼佛既為本師，出家沙門就應該以「釋」為姓。他後來在《增一阿含》中找到經據，從此漢地僧人皆姓「釋」就確定下來了。

法護天資聰慧，過目成誦，長達萬言的經典只要讀誦一遍就能憶持不忘。雖然法護年少出家，但他並未將自己的學習局限於出世之學；在精勤克苦修習佛法之餘，他也不忘將學習觸角延伸到儒學六經、諸子百家等世學。

法護求知若渴，為了尋師訪道，不惜辛勞，萬里跋涉，從敦煌一路遊學到魏都洛陽。

據史傳所載，法護是在晉武帝在位期間來到洛陽。他看到京城的崇佛者只樂於建寺造像，西域傳布著許多大乘經典卻無人顧及，因此發願弘揚大乘佛法，前往西域遊歷學習。

然而，法護最早的譯經記錄是晉武帝泰始二年（西元二六六年）十一月八日，在長安白馬寺翻譯《須真天子經》（註二）。晉武帝司馬炎，原是曹魏宰相兼晉王司馬昭的長子；曹魏咸熙二年（西元二六五年），司馬炎繼承了父親的職權之後，脅迫魏元帝曹奐禪位於他。司馬炎登位後，立國號「晉」，「泰始」則是晉朝的第一個年號。

既然法護在司馬炎建國之初就已經開經從事佛典翻譯，其立志弘揚大道、並前往西域求法的經歷，就應該是早於晉武帝泰始年之前發生的事；不過，法護實際前往西域的年代並沒有確切的記載。

無論如何，法護在他的漢地遊學經歷中，知悉在西域諸國有更大的佛法寶藏等待著他去挖掘，這件事是可以肯定的。

由於法護並未撰寫遊記，因此無從得知他實際上到過西域哪些國家。不過，根據《出三藏記集．卷十三．竺法護傳》的記載：「外國異言三十有六，書亦如之。護皆遍學貫綜，古訓、音義、字體無不備曉。」三十六種外國語言之數，應該是採納了《漢書．西域傳》西域原本有三十六國的說法。以此讚美法護精通多國語言文字的同時，也點出了法護的足跡幾乎踏遍西域各國。

大約在晉朝開國建元時，法護結束西行求法旅程，帶著大量的佛典返回中土。根據《出三藏記集》記載，法護翻譯的經典多達一百五十餘部，是佛教傳入中國以來譯經最多者。這其中，除了少部分經典是在漢地搜集所得，其餘大部分佛典都是他從西域攜回的。

法護回到中國後，隨即馬不停蹄地投入譯經事業。晉武帝泰始二年（西元二六六年），於長安青門內白馬寺翻譯《須真天子經》；太康五年（西元二八四年），於敦煌譯出《修行道地經》、《不轉退法輪經》；太康七年（西元二八六年）三，再次駐錫長安，譯出《持心梵天所問經》、《正法華經》、《光贊般若經》；太康十年（西元二八九年），於洛陽白馬寺譯出《文殊師利淨律經》、《魔逆經》；晉惠帝元康元年（西元二九一年），譯出《勇伏定經》、《如來大哀經》；元康四年（西元二九四年），於酒泉譯出《聖法印經》；元康七年（西元二九七年），又重返長安，譯出《漸備一切智德經》；永康元年（西元三〇〇年），譯出《賢劫經》；晉懷帝永嘉二年（西元三〇八年），於天水寺譯出《普曜經》。

綜上所見，法護從晉武帝泰始二年（西元二六六年）開始，一直到晉懷帝永嘉二年（西元三〇八年），超過四十年的時間，來回往返於敦煌、酒泉、天水、長安、洛陽之間譯經授學，一直到他七十八歲病逝為止。

法護一生都在行旅當中：年少時萬里尋師，年長後周遊西域，中晚年奔走於敦煌、兩京譯經授學。如此孜孜矻矻，不辭辛勞，目的只有一個，那就是為了弘揚大乘佛法；因此，他所翻譯的典籍多為大乘經典。其中包括：出自《大品般若經》的《光讚般若波羅蜜經》；《妙法蓮華經》的異譯本《正法華經》；與《華嚴經》〈十地品〉、〈如來出現品〉、〈離世間品〉同本異譯的《漸備一切智德經》、《如來興顯經》、《度世品經》；寶積經類的《密迹經》、《阿闍世王女阿術達菩薩經》、《須摩提菩薩經》、《文殊佛土嚴淨經》；大集經類的《大哀經》、《阿差末菩薩經》、《無言童子經》；所問經類的《持心梵天所問經》等等。

這些大乘典籍品類繁多，內容豐富，成為鳩摩羅什譯經以前、漢地佛教研習大乘佛法的重要依據；其中更有不少經典，成為後世譯經師重新翻譯同本經典時的參考範本。《出三藏記集》的作者僧祐讚美法護：「經法所以廣流中華者，護之力也。」這句話一點也不錯。

法護之後，另有為了瞻禮佛國勝跡而西行的僧人康法朗。

康法朗是晉代中山人（今河北保定）。他因為在經典中讀到雙樹、鹿苑等佛國地名，而感歎道：「我已經未能值遇佛陀，怎麼可以不瞻睹勝跡呢？」於是發願前往佛陀的故鄉迦夷（即迦毗羅衛國）。

晉懷帝永嘉年間（西元三〇七至三一三年），法朗與同學四人結伴從張掖出發西行。半途中同學四人未繼續前行，法朗獨自一人遊歷諸國，尋找、學習經論，後返回中山。

史傳中並未記載康法朗所遊歷的國家是否包括天竺各國。至於竺法護與朱士行，二人西行的目的都是為了求取經典，弘揚大乘。他們一路西行，尋覓探索；當他們尋獲自己所求之經，或者是重要的典籍，就會帶回中土，翻譯流傳，並沒有非到佛教發源地印度不可的動機和目的。因此，朱士行和竺法護的西行之旅都止步於西域，未曾踏足天竺佛國。據史傳所載，到了東晉南北朝時期，方有漢地僧人遠抵印度。

東晉南北朝：求法風氣形成期

晉咸寧六年（西元二八〇年），武帝司馬炎舉兵滅掉東吳，統一中國。司馬炎在位期間為了拱衛皇權、制衡士族，大肆冊封皇族宗室為王，賜郡為國，並掌兵權；然而，這樣的做法，為晉朝埋下衰亡的隱患。

司馬炎死後，他的次子司馬衷繼位，是為晉惠帝。司馬衷繼位之後，寵信皇后賈氏；賈皇后干政專權，引起藩王的不滿，最終引發長達十五年的內戰，史稱「八王之亂」。與此同時，以匈奴、羯、鮮卑、羌、氐為主、散居在華北一帶的族群趁勢而起，擁兵割據，互相爭奪領土，建立王國。短暫統一的中國再次分裂。

西元三一七年，司馬政權南移，定都建康（今南京），史稱「東晉」。北方各國則持續爭戰，百餘年間，大大小小二十餘個國家建立又衰亡；直到西元四三九年，鮮卑人政權北魏第三任皇帝拓拔燾一統北方。

北魏統一華北之時，南方東晉已被劉氏政權所取代，是為劉宋。隨後，北方在北魏之後，相繼成立東魏、西魏、北齊、北周等政權；南方則在宋之後，成立了齊、梁、陳等國家。從晉室南渡到隋朝再度統一中國，這段期間，南北方都處於分立對峙的狀態，歷史上稱這段時期為「南北朝」。

北方因為戰禍連綿，比起南方而言是更動盪不安、混亂不堪；然而，戰爭雖然可以奪走一切，卻阻擋不了僧人們西行的腳步。其中有部分人是希望前往佛教的發源地瞻禮佛國勝跡，更多的則是為了求法而去。隨著佛教的昌盛，漢地沙門對於法與律的希冀也日益高漲。

東晉成帝咸和年間（西元三二六至三三四年）有慧常、進行、慧辯三人結伴經涼州前往天竺。不過，史料中並未載明三人是否成功往返。

東晉穆帝時（西元三四四至三六一年），高陽（今河北保定市高陽縣）僧人于法蘭感慨「大法雖興，經道多闕。若一聞圓教，夕死可也。」因此踏上遠行求法之路。不幸的是，他到了交州象林（今越南廣南省會安西南）就患病身亡。

從于法蘭病逝的地點來看，他很可能是準備循水路前往印度。

東晉孝武帝在位期間（西元三七二至三九六年），被尊為淨土宗初祖的廬山慧遠，也曾派遣弟子法領、法淨遠行尋經。不過，兩人最終並未到達印度，而是在于闐尋得《華嚴經》前分三萬六千偈，以及其他大乘經典二百餘部。

東晉孝武帝太元末年（西元三九六年），東北僧人曇猛延著絲路北道抵達北印度王舍城；回程則是從北印度小國陀歷離開，返回東土。

而在東晉南北朝求法行列中對後世影響最深者，是法顯。

法顯的出生年月不詳；從法顯示寂的年齡推算，大約是在西元三三八年前後。法顯出生在北方平陽郡武陽（今山西臨汾）的一戶龔姓人家，這時期的平陽屬於後趙石氏政權的勢力範圍。

法顯二十歲時受具足戒。當時漢地比丘受持的戒法，是曹魏嘉平年間天竺僧曇柯迦羅翻譯的《僧祇戒心》；這部戒法只是作為僧人的日常生活軌範使用，並不是完整的律典。法顯在長安受得此戒，感慨律藏的不完整，因而發願前往天竺尋求戒律。

然而，因為戰亂的緣故，使得道路不通，法顯的西行求法心願始終無法實現。直到後秦弘始元年（西元三九九年），已經六十多歲的法顯，也許是想到自己年紀大了，希望趁有生之年走一趟天竺，圓滿自己所發的願。於是，在這一年，法顯與慧景、道整、慧應（在《佛國記》中「慧應」僅在張掖相遇這段文中出現。之後數次在十人隊伍中出現的是「慧達」。推測「慧應」很可能是「慧達」之誤）、慧嵬等人從長安出發，一同前往天竺。

法顯五人進入隴西到達金城王乞伏乾歸的管轄地金城（今甘肅蘭州），並在這裡結夏安居。安居結束後，一行人穿過南涼國境，翻過養樓山，來到北涼都城張掖。眾人本想繼續前行，卻遭逢北涼西安太守沮渠蒙遜叛亂，舉兵攻打張掖，道路不通，只得停留。

沮渠蒙遜信奉佛教；他成功奪權登位後，極力慰留法顯等人接受供養，一行人遂留了下來。在張掖，法顯遇到同樣想要前往天竺的智嚴、慧簡、僧紹、寶雲、僧景等人；因為志趣相投，於是一同在張掖結夏安居。

法顯等人在張掖安居結束後，繼續西行的路程。眾人抵達敦煌，法顯五人接受了敦煌太守供養穿越沙漠所需的資具，與寶雲五人分別，先行出發。

橫渡沙漠的這段路程艱難異常。法顯在他的西行遊記《佛國記》（又名《高僧法顯傳》）中回憶道：

> 沙河中多有惡鬼、熱風，遇則皆死，無一全者。上無飛鳥，下無走獸；遍望極目，欲求度處，則莫知所擬，唯以死人枯骨為標幟耳。

讀法顯之形容，其艱辛可以想見。

一路上，他們到過鄯鄯、焉夷、于闐、子合、麾、竭叉等國；每到一地，都會停留一到數月不等，考察當地的民風習俗、佛教概況、僧團運作模式、僧人行儀等等。從敦煌出發將近兩年的時間，法顯眾人終於翻越氣候詭異、終年積雪的蔥嶺雪山，抵達北天竺。至此，十人隊伍只剩下法顯、慧景、道整、慧達、寶雲、僧景六人，其餘四人已在途中轉往他處去了。

法顯等人一路往南行進；每到一國，同樣會停留一段時間，參禮佛教勝跡。後來，慧達、寶雲、僧景三人止步於弗樓沙國，折返漢土，法顯、慧景、道整三人繼續往南。不幸的是，三人在翻越小雪山時遭遇寒冷徹骨的暴風，原本就在南下途中患病的慧景，最終敵不過嚴峻的氣候，命喪小雪山。

縱有不捨，路程還是要繼續。法顯和道整二人只得收拾悲傷的心情，翻過小雪山，經過一個又一個的國家，往中天竺前進。在離開漢土六年後，法顯和道整終於抵達中天竺。

古代的中天竺，是指恆河中下游、氣候溫和、文明發達的地區，天竺人稱之為「中國」，以今日的地理位置而言仍屬於北印度。中天竺有一個重要的王國——摩揭陀國（Magádha），經典中常出現的「王舍城」就在此國，此國也曾經受阿育王所統治。

法顯歷盡艱辛來到天竺，除了瞻禮勝跡外，最重要的是為了尋求律典而來。他從北天竺一路南下，一邊參禮，一邊尋律；卻發現，北天竺各國雖然也有戒律，卻是口耳相授，並沒有文字記錄。

於是，法顯繼續南下，一路來到中天竺摩揭陀國最大的城市巴連弗邑（Pāṭaliputra，又稱華氏城）。法顯在此城中的摩訶衍僧伽藍（即大乘寺）尋獲手寫本的大眾部《摩訶僧祇眾律》、《雜阿毗曇心》六千偈、《綖經》二千五百偈、《方等般泥洹經》五千偈、《摩訶僧祇阿毗曇》，以及只能口傳的說一切有部《薩婆多眾律》七千偈。為了能夠讀寫這些典籍，法顯留在摩訶衍僧伽藍學習梵書、梵語，並抄寫律典。

三年後，法顯準備回國。唯一伴隨法顯來到中天竺的道整，見當地僧眾律儀嚴正，感歎漢地是戒律殘缺的邊地，發願直至成佛都不想再生在邊地，於是決定留在巴連弗邑。而法顯西行求法的最終目的，是要讓戒律流通漢地，法顯只得獨自啟程返回中土。

法顯回程時決定循水路。他順著恆河東下，經過瞻波國，來到位於海口的多摩梨帝國，在此地停留了兩年寫經、畫像。隨後，他乘上商船，來到師子國（今斯里蘭卡）。法顯在師子國停留了兩年，又尋得化地部《彌沙塞律》、《長阿含》、《雜阿含》、《雜藏》。之後，法顯登上載有兩百餘人的商船，準備返程。

航海並不比橫渡沙漠、翻越蔥嶺雪山輕鬆。法顯曾回憶云：

海中多有抄賊，遇輒無全。大海彌漫無邊，不識東西，唯望日、月、星宿而進；若陰雨時，為逐風去，亦無准。當夜闇時，但見大浪相搏，晃若火色、黿、鼉水性怪異之屬，商人荒遽，不知那向；海深無底，又無下石住處。至天晴已，乃知東西，還復望正而進。若值伏石，則無活路。

簡言之，在大海中若遇上海盜，全船人財貨、性命則無一得存。若遭逢陰雨天，無法以日、月、星辰辨識方向，則會在海上迷途。而夜晚漆黑難辨，海浪的動靜會讓駛船者誤以為遇上海怪，荒不擇路。更糟的是，如若船隻觸礁，那就沒活路了。

很不幸的，法顯所乘的商船，剛啟航兩日，就遇上大風，船漏入水；商船雖然附有備用小船，卻無法乘坐多人。逃不走的人為了避免沉船，只得將比較重的貨物丟棄海中；法顯也將隨身物品捨棄，只留下經典、佛像。他擔心其他人會將這些得來不易的經像拋棄，於是一心稱念觀音聖號以及歸命漢地眾僧。幸好，漏水的商船雖然在大風之中困難航行，卻始終沒有沉沒。十三日之後，船船得以靠岸補漏。

之後，商船又繼續航行三月有餘，來到耶婆提國（今爪哇島）。法顯在此地停留，等待前往中土的船隻。五個月後，法顯備好足夠食用五十日的糧食，登上開往廣州的大商船。一路航行也並不順利，途中不僅遭遇暴風雨，還因為陰雨天的關係，難以憑著日、月、星宿的位置辨明方向；本來只需要五十日的航程，歷時三月才抵達青州長廣郡（今山東萊陽市）。

法顯接受青州刺史的請求，留在青州過冬。隔年結夏安居結束後，法顯南下前往東晉都城建康（今南京），在道場寺與天竺僧佛馱跋陀羅共同譯出《摩訶僧祇律》、《方等泥洹經》、《雜阿毘曇心》等經律。

東晉安帝義熙十二年（西元四一六年），法顯前往廬山東林寺拜訪慧遠，慧遠建議法顯將西行遊歷詳細記載下來。法顯接受建議，將西行求法的經歷、見聞、考察心得，寫成《佛國記》。

之後，法顯又前往荊州（今湖北荊州），以八十六歲的高齡，寂於辛寺。

法顯求法之行，共歷時十五年，途經三十多個國家，為漢地帶回了珍貴的經與律；他所撰寫的《佛國記》，更為漢地的求法僧開闢了通往天竺佛國的另一扇門。《佛國記》不僅成為當時西行求法的參考指南，更是後世研究古代西域、印度、斯里蘭卡等佛教史地的重要文獻。

法顯的西行經歷對後人起著激勵的作用。在他的影響之下，南北朝時期西行求法活動漸增。到了隋唐時期，中土再度統一；隨著佛教發展鼎盛，西行求法活動也達到了高峰。而在唐代那絡繹不絕的求法隊伍中，有一位求法僧的西行目的與經歷，與法顯極為相似，那就是義淨。

隋唐求法活動如何鼎盛？義淨又是在怎樣的氛圍之下決定西行求法？將在接下來的章節中一一開解。

【註釋】

註一：梁代僧祐（西元四四五至五一八年）搜集經藏，摘取重要的事跡撰為《三藏記》、《法苑記》、《弘明集》等，都流行於世。

僧祐藉著定林寺豐富的經藏，在道安《總理眾經目錄》的基礎上，旁考諸目，「訂正經譯」，撰成《出三藏記集》共十五卷。編纂此書的用意在對佛經翻譯進行考究，所以他將全書分作四個部分：一、「撰緣記」，敘述印度佛經的編纂和中國譯經的淵源；二、「詮名錄」，著錄佛經二一六二部、四三二八卷，分十二類，各類有小序，敘述該類佛經源流；三、「總經序」，彙集佛經的序、記一百二十篇；四、「述列傳」，為中外三十二位譯經高僧的傳記。

《出三藏記集》不僅對後世編纂佛經目錄有所貢獻，它的「總經序」、「述列傳」對後世編制文獻目錄也有一定的影響。

因《文心雕龍》作者劉勰長期在定林寺整理經藏，有人懷疑《出三藏記集》

一書，可能出劉勰之手，或者劉勰曾為其潤色。

第一章　誕生・出家

沙門釋義淨，齊州人，俗姓張，字文明，髫齔之年辭榮落彩。

「誕生」和「出家」涉及到家世背景和法脈傳承兩個範疇。這兩個範疇在本質上是相同的，都關係到世代相承的門風。這對於一個人的品性、行為、學養有著重要的影響，甚至可以說是一個人會成為何種人的關鍵因素，未來的高僧義淨也不例外。因此，要認識義淨，離不開對他的世俗家庭和出家宗門的瞭解。

耕讀傳家的張家

義淨俗姓張，字文明。從義淨的去世年齡往前推算，他大約是出生在唐貞觀九年（六三五年）。這一年，距李唐取代楊隋立國僅十七年。

此時，中原雖已統一，但邊疆戰事仍然頻繁。就在這一年，大唐與吐谷渾的戰事猶進行得如火如荼，洮州党項羌人又趁機叛亂。幸而太宗李世民身邊猛將如雲，羌人之亂很快就被當時的鹽澤道總管高甑生平定，吐谷渾也被侯君集、李靖等人所率大軍擊得節節敗退。

同年五月初六（陽曆六月二十五日），正當各地戰事相繼報捷之時，國喪之鐘猛然敲響，大唐開國之君李淵崩逝於大安宮。

義淨就是誕生於這樣的動蕩國喪之年。

據唐中宗〈三藏聖教序〉，義淨是范陽（今河北涿縣）人。又，據銀青光祿大夫盧璨奉所撰〈大唐龍興翻經三藏義淨法師之塔銘（并序）〉，義淨是「齊郡山莊人」。經學者考證，「山莊」是「山茬」之誤（史料中也有寫作「山茌」者）。

齊郡在北齊時為齊州，也就是現今的山東濟南。隋大業年間齊州再次改為齊郡，唐武德時又改回齊州，至玄宗時再次更名齊郡。齊州山茌縣即今日山東濟南長清一帶。義淨後來出家的寺院是在濟南。由此推測，范陽是義淨的祖籍，齊州山茌縣則是他的出生地。

義淨的高祖（祖父的祖父）曾任「東齊郡守」；也就是說，若義淨出生之時高祖還在世，則是五代同堂。

西元五五〇年，掌握北朝東魏實際政權的丞相兼齊郡王高洋，廢東魏孝靜帝元善見，自登帝位，立國號「齊」，改元「天保」，仍以鄴城（今河北邯鄲臨漳縣）為都，史稱「北齊」。

北齊疆域含括現今華東地區北面的河北、河南、山東、山西，以及江蘇、安徽北部地區。西元五七七年，為北周所滅。以時間推算，義淨的高祖任郡守時的「東齊」，應該就是國祚只有二十七年的北齊。

〈三藏聖教序〉並未載明義淨的高祖張郡守任職何地，只提到「爰祖及父，俱厭俗榮；放曠一丘，逍遙三徑。」義淨的祖父和父親未再出任官職。其中原因，可能是因為北齊亡國，張氏看透世情，因而舉家遷居山莊，歸隱鄉野，耕讀傳家，不再出仕。對於亡國遺臣而言，這種做法何嘗不是自保之策。

張氏父子能夠看淡名利，安於鄉野生活，除了有避世亂的因素存在，與張家崇信佛教也有莫大關係。義淨年出家之時年僅七歲。中國傳統社會相當重視子嗣的繁衍；雖然隋唐時期書香門第送子出家之風普遍，但是張家能夠割捨親情，送幼子出家，可見並非泛泛的信仰者。

張家親近的道場，也就是義淨出家的寺院，是離齊州城西大約四十多里的土窟寺。土窟寺的地理位置是出自義淨所撰《南海寄歸內法傳．卷四．古德不為》篇。文中只提到「齊州城」，並未明言是齊州的那一座城；不過，能以一州之名來稱呼該城，相信此城應是齊州的重要城市。齊州州政府所在地是歷城（今山東濟南歷城），歷城往西四十餘里正好離山莊不遠；依推測，「齊州城」應是指歷城。

土窟寺是善遇和慧智兩位法師共同創建。義淨被家人送到土窟寺當小沙彌，依善遇為親教師，慧智為軌範師。善遇、慧智二人皆來自泰山名剎神通寺。神通寺位於齊州泰山北邊東北麓崑崙山（今昆瑞山）金輿谷，是竺僧朗所建，神通寺最初便名為朗公寺。

好樂蘭若的僧朗

竺僧朗生卒年不詳，僅能從其生平事蹟，推估為中國五胡十六國時期之人。僧朗是京兆（今西安）人，年少出家後即離鄉四處遊學問道，並曾問道於佛圖澄。及至年長，方回到生長之地，並於關中一帶布教弘法。

然而，當時關中是各方勢力拉鋸之地，政局紛亂，戰爭頻繁。僧朗生性淡泊，又嚮往離群索居的修行生活；於是，他在前秦苻健皇始元年（三五一年），遷居齊州泰山。

僧朗在山中結識了隱居當地的道士張忠。兩人都是好靜淡泊之人，性志相投，時相往來，或談天論道，或悠遊山林，無拘無束。山中幽絕，禪寂恬靜，山外卻是剎那遽變的生死名利場。

五胡十六國時期，中國北方相繼出現了不同的國家；然而，這些政權國祚都不長。其中原因為，除了是長年與周邊各國相互爭戰吞併之外，內部權力鬥爭也加速了各國的滅亡。

僧朗入山隱居數年之後，苻堅發動政變，將堂兄苻生從皇帝寶座拉了下來，自己即位為帝。苻堅並非偏安之主，而是有志於統一中國的帝王；於是，他剛登位即廣徵天下名士，張忠便在苻堅徵召之列。

張忠本無意於出仕，但苻堅再三相邀；張忠不得已，只能親赴長安婉拒苻堅的好意。但生死無常，張忠這一走就再也沒能回到泰山，他在回泰山途中的華陰山去世。

張忠死後，僧朗亦失去了遊山之趣。於是，他離開與張忠比鄰而居的地方，在泰山之北的崑崙山金輿谷建立精舍定居下來。

僧朗雖然移居到崇山峻嶺之中，卻無阻敬仰者聞風而來。在他的學養和戒德感召之下，許多人不惜千里來訪，親臨座下，依止學習；僧朗來者不拒，孜孜不倦地訓誘教誡。

隨著弟子人數日益增多，朗公寺即由山居茅蓬發展成「內外屋宇數十餘區」、規模龐大的寺院建築群。

僧朗神異傳天下

僧朗長於講學，中國譯經大師鳩摩羅什的主要弟子之一僧叡，也曾在僧朗座下聞習《放光般若經》；因此，梁代慧皎所撰《高僧傳》將他納入「義解」篇。然而，在當時更為老百姓所傳揚的是有關僧朗的神異事蹟。

其一是僧朗有預知的能力。當僧朗還在關中地區講經說法之時，有一天，他受到別處的弘講邀請，正準備與寺中數人一同前往。行至途中，僧朗突然對同行者說，好像有盜賊要偷他們在寺中的衣物；同行者聽了後，決定返回寺中一窺究竟。結果，真如僧朗所言——寺中遭賊！幸好他們及時返回，將盜賊現場捕獲，才免於財物損失。

之後，僧朗還居泰山，建設朗公寺隨緣度眾。每當有人前來拜訪，僧朗都能預先得知正確的人數，並交代弟子準備好相應的飲食，以供來訪者飲用。

另一件廣為流傳的神異事蹟是與僧朗威攝力有關。泰山金輿谷原是猛獸盤據之地，經常有老虎出沒；當地的居民若要出行，只能隨身帶著棍棒相伴結群而行。即便如此，猛虎傷人的事件仍然層出不窮，虎災頻仍。直到僧朗在谷中建寺定居後，猛虎竟然歸伏如家犬，此後就沒有再發生老虎傷人之事，當地僧俗晝行夜出都已無礙。百姓們都讚歎僧朗之德，從此稱金輿谷為朗公谷。

各國爭相延攬僧朗

當僧朗的戒德神威傳聞到各國統治者耳中時，各國國主或是致力將他召攬為己用，或是隔著千萬里也要表達他們的崇敬之意；其中，苻堅之誠意最深最堅。據僧傳所載，秦主苻堅感欽僧朗的戒德，一直不斷派遣使者徵請僧朗下山，前赴長安。苻堅御書道：

大聖膺期，靈權超逸，蔭蓋十方，化融無外。若山海之養群生，等天地之育萬物。養存生死，澄神寂妙。朕以虛薄，生與聖會，而隔萬機，不獲輦駕。今遣使人，安車相請，庶冀靈光，廻蓋京邑。今并送紫金數斤，供鍍形像；絹綾三十疋，奴子三人，可備灑掃。至人無違，幸望納受！想必玄鑒見朕意。

既請已，師禮事之。

苻堅為表誠意，除了迎請的使者，還準備了車駕，讓年老的僧朗能減少路途的勞頓，還賜贈財物人力；最重要的是信末提到的「既請已，師禮事之」，如若僧朗應邀出山，苻堅將以帝師相待。由此可見，苻堅徵才之誠。然而，淡泊名利的僧朗不為所動，他回覆苻堅：

僧朗頓首，頓首。如來永世，道風潛淪。忝在出家，栖心山嶺。精誠微薄，未能弘匠。不悟陛下遠問山川，詔命慇懃，實感恩旨。氣力虛微，未堪跋涉。願廣開法輪，顯保天祚。蒙重惠賜，即為施設。福力之功，無不蒙賴。貧道才劣，不勝所重。僧朗頓首，頓首。

僧朗與張忠一樣，無意於俗務，只想在深山之中自修化他；因此，僧朗以年老體弱為由，婉拒召請。苻堅只好停止遣使徵邀，卻沒停止表達他對於僧朗的崇敬，於是改為每月修書賜賞以示奉敬。

苻堅之崇佛，並不是盲目敬奉具有神異能力的僧人，而是確切地為僧朗的戒德所感召，因為苻堅曾沙汰眾僧，卻在進行沙汰之時另下一詔曰：「朗法師戒德冰霜，學徒清秀，崑崙一山不在搜例。」

苻堅對佛教僧人進行清理，或許有其政治考量；然而，從他明詔不必搜查僧朗所在的崑崙山之態度可以瞭解，當時佛門確實有不得不以外力來清理的亂象存在。

南北朝時期，北方政權更替頻仍。前秦苻堅雖然短暫統一北方，但在淝水一戰敗於東晉之後，北方政權再次分裂；加上東晉孝武帝司馬曜的主動出戰，南北各方勢力展開新一輪的拉鋸。

在這樣的情勢之下，處於內憂外患煎熬當中的各國國主，除了努力增強自身的軍事力量之外，亦嘗試尋求宗教福佑之力；因此，一旦得知哪兒出現了神人異士，就會盡力延攬，招為己用，冀能憑藉異士的特殊能力，護祐國祚。像僧朗這般神異且具有預知能力的高僧，各國君主哪會放過？

於是，苻堅之後，北方後秦姚興、後燕慕容垂、北魏拓跋珪、南燕慕容德，甚至偏安南方的晉帝司馬曜，盡皆慕名相攬。

先是晉主司馬曜。司馬曜是東晉第九代國君。他在位之時，敗前秦苻堅大軍於淝水，使得前秦政權崩毀，北方再度分裂。司馬曜趁勢北伐，並成功收復洛陽等地。他寫給僧朗的信中云：

承叡德光時，飛聲東嶽。靈海廣淹，有生蒙潤。大人起世，善翼匡時。輒申經略，懸稟妙算。昔劉曜創荒，戎狄繼業；元皇龍飛，遂息江表。舊京淪沒，神州傾蕩；蒼生荼蓼，寄在左衽。每一念至，嗟悼朕心！長驅魏、趙，掃平燕、代。今龍旗方興，剋復伊洛，思與和上同養群生。至人通微，想明朕意。今遣使者送五色珠像一軀、明光錦五十匹、象牙簟五領、金鉢五枚。到願納受！

司馬曜的御書提到「今龍旗方興，剋復伊洛，思與和上同養群生」。「伊洛」是洛陽的別稱，因為在洛陽境內有伊水和洛水兩河。言「剋復伊洛」，表示司馬曜寫此信時是剛收復洛陽不久。戰事上的成功，讓年輕的帝王對於重振朝綱、收復山河充滿信心，同時也渴求人才，以助他圓成帝王霸業，因此才會說「思與和上同養群生」這樣的話。這是將僧朗併放在與他這位國君同等的地位上，足以表示其誠心和敬意。

僧朗又是如何回覆的呢？僧朗道：

僧朗頓首，頓首。夫至人無隱，德生為聖；非德非聖，何敢有喻？忝曰出家，棲息塵表，慕靜山林，心希玄寂。靈跡難逮，形累而已。奉被詔命，慰及應否。大晉重基，先承孝治；惠同天地，覆養無邊。願開大乘，伸揚道味。僧朗頓首，頓首。

僧朗的答覆一如他給予苻堅的回應，不為名利所動，以自謙的態度，婉拒晉主之邀。不過，僧朗雖然不願出山，但他還是心念南方的佛教和百姓，因此才會在信末祈求司馬曜能夠弘揚大乘佛法。

司馬曜之後，後燕開國之君慕容垂也不落人後。他致書僧朗曰：

澄神靈緒，慈陰百國；凡在含生，孰不蒙潤？朕承藉纂統，方夏事膺。昔蜀不恭，魏武含慨。今二賊不平，朕豈獲安？又元戎剋興，征掃暴亂。至人通靈，隨權指化；願兵不血刃，四海混伏。委心歸誠，久敬何已？今遣使者送官絹百匹、袈裟三領、綿五十斤。幸為呪願！

慕容垂是前燕名將，因戰功顯赫而受猜忌，不容於君王，最終投奔前秦苻堅，前燕亦隨即為苻堅所滅。苻堅統一北方後，揮軍南下攻打東晉，慕容垂即是苻堅麾下大將之一。然而，苻堅在淝水之戰敗於晉軍之後，不久就被姚萇所殺，國勢大亂。慕容垂遂率部趁亂自立。

慕容垂寫給僧朗的信中提道：「至人通靈，隨權指化；願兵不血刃，四海混伏。」很顯然，後燕立國未穩，隨時都會被周邊的敵國吞併。慕容垂聯繫僧朗，就是希望能夠藉由僧朗的神通力，給予他戰事上的指引，讓兵力等各方面條件都不足的後燕，能夠兵不血刃地收服四海。

僧朗給他的回覆是：

僧朗頓首，頓首。能仁御世，英規遐邈。光敷道化，融濟四海。貧道忝服道味，習教山林。豈惟詔旨，諮及國難？王者膺期，統有六合。大能併小，自是常倫；若葵藿之傾太陽，飛步之宗麟鳳。皇澤載融，群生繫仰，陛下高明，何思不服？貧道窮林，蒙賜過分。僧朗頓首。

僧朗的回覆雖然仍是一貫的自謙，認為自己只是一個山野貧僧，沒有資格就國難的問題提供建議；然而，他在字裡行間，其實點出了能讓四海臣服的關鍵。他說：「就好比植物有向陽的特性，飛禽走獸以麒麟、鳳凰為尊一樣，天子的恩惠豐沛，老百姓自然思慕敬仰。」對老百姓而言，天子的恩惠是什麼？就是可以讓他們不再受到生命、財產的損害，過上好日子；這顯然是「得民心者得天下」之意。

很妙的是，僧朗還提到：「帝王承受天命統領六方，所以大國吞併小國才是常理。」慕容垂只是一個趁亂自立的將軍；看到這樣的話，該會是更加惶惶不安吧！

再來就是後秦姚興。姚興與慕容垂一樣，聯繫僧朗主要是想請他指點一二，並不是要將他招攬為己用。後秦開國之君姚萇是羌人貴族，叛殺苻堅之後自立為帝。姚興是姚萇之子，在姚萇去世後繼位。姚興寫給僧朗的信提到：

勲神履道，飛聲映世。休聞遠振，常無已已。朕京西夏，思濟大猷。今關未平，事唯左右。已命元戎，剋寧伊洛。冀因斯會，東封巡省。憑靈仗威，須見指授。

今遣使者送金浮圖三級、經一部、寶臺一區。庶望玄鑒，照朕意焉。

信中提到「已命元戎，剋寧伊洛」。「元戎」是大軍之意；「伊洛」前面曾說明，是指洛陽。姚興於皇初九年（三九九年）攻克了東晉的洛陽，將後秦版圖往南擴張。信中又謂「冀因斯會，東封巡省」。「東封」意指「東封泰山」，封禪泰山是表示皇帝本身是受命於天的典禮。然而，泰山所在之地屬於後燕的國域；姚興的「東封巡省」，顯然有揮軍東進之意。

當他得知駐錫泰山的僧朗有預知之能，於是派出使者，遣贈禮品，希望能憑仗僧朗的神通威靈，給予他東進計畫指點一二。

可惜，未能看到僧朗的回覆。不過，以僧朗的性情，想必不願意捲入這些俗世紛爭之中而婉拒。從歷史發展來看，姚興在位二十餘年間，也並不曾攻打後燕。

北魏開國君主拓跋珪也曾寫信給僧朗，信中曾提到「上人德同海岳，神算遐長。冀助威謀，克寧荒服」。顯然，拓跋珪也是聽聞僧朗有預知能力，於是讓使者帶著賜贈「素絹二十端、白氈五十領、銀鉢二枚」，前往泰山請求指點明津。魏主的贈禮顯然比不得南燕的封給。

西元三九七年，拓跋珪率魏軍攻下中山，後燕一分為南北二部，後燕開國君主慕容垂之弟慕容德當時在南邊。次年，慕容德於滑台（今河南滑縣）自立為燕王，史稱南燕。滑台地廣不足十城，又處於晉、魏兩國之間，並非理想的立國之地；後來因為李辯之叛，慕容德連這個根據地也落入魏軍之手。

慕容德領著數萬將士，尋思著下一步該如何走。黃門侍郎建議攻取彭城；大部分將領則主張反攻滑台；尚書潘聰分析各地利弊，建議取齊地廣固，立為國都。慕容德聽了大家的意見，覺得都有道理，實在難以決斷。

慕容德素聞僧朗有占卜之能，於是他親自前往泰山，向僧朗呈上各人的意見，徵求僧朗的看法。僧朗贊同潘聰的建議，還補充說：「今年初，彗星在二十八宿的奎、婁方位出現，一直劃到虛、危的位置為止。虛、危的方位對應齊地，這正是除舊布新之象。因此不妨先定魯郡，再巡撫琅邪，等入秋之後再轉向齊地，這才順應天道。」

慕容德聽了僧朗的建議以後相當高興，決定放棄滑台，領兵一路定兗州、取琅邪、攻莒城，最後成功奪取廣固。

隨著政權版圖的擴張，慕容德漸漸有了稱帝的想法。西元四〇〇年，慕容德正式稱帝，更名為慕容備德，立年號「建平」，定國都於廣固（今山東省青州市）。

慕容備德稱帝後，感念僧朗獻議之恩，於是趁著地理之便，大肆封賞僧朗。慕容備德在賜封詔書中寫道：

> 遭家多難，災禍屢臻。昔在建熙，王室西越，賴武王中興，神武御世，大啟東夏，拯拔區域，遐邇蒙蘇，天下幸甚！天未忘災，武王即晏，永康之始，西傾東蕩，京華主上播越。每思靈闕，屏營飲淚。朕以無德，生在亂兵；遺民未幾，繼承天祿。幸和上大恩，神祇蓋護。使者送絹百匹，并假東齊王奉

高、山茌二縣封給。書不盡意，稱朕心焉！

慕容備德這一則是封賜詔書，他封僧朗為東齊王，並以奉高、山茌兩縣為封給。小小的南燕國僅佔一隅之地，卻很慷慨地封爵、賜邑；這也是因為泰山正處於南燕的地界裡，慕容備德才能如此封賞。僧朗回覆道：

僧朗頓首。陛下龍飛，統御百國。天地融溢，皇澤載賴。善達高鑒，惠濟黔首。蕩平之期，何憂不一？陛下信向三寶，恩旨殊隆。貧道習定，味靜深山，豈臨此位！且領民戶，興造靈剎。所崇像福，冥報有歸。僧朗頓首，頓首。

這一次，僧朗雖然還是一貫地強調他是深山中的修行僧，拒絕了「東齊王」的封號，卻接受了食邑的封賞。帝王賜封的食邑，當地的稅收和民役即歸受賞者取用；僧朗稱可以這些財力和人力建設道場，為慕容備德培福。在慕容德的護持下，朗公寺的規模日益擴大，上下分院就有十餘所，長廊連亙千餘間。

僧朗從前秦苻健皇始元年（三五一年）入山，數十年間受到各國國主延攬。然而，直到他八十五歲寂於山中，未再離開泰山。天下攘攘熙熙，僧朗始終安住在山林中，持戒習禪，不受世擾，不為利動，建寺講學，化育有情。

朗公寺御賜爲神通寺

僧朗圓寂後百餘年間，北方佛教遭遇了兩次廢佛。第一次是發生在北魏太武帝拓跋燾執政末期（西元四四四至四五二年）；當時泰山仍屬劉宋的政權範圍，因此朗公寺並未受到這次廢佛的影響。

第二次廢佛是在北周武帝建德年間。北周武帝宇文邕十七歲時被堂兄宇文護擁立為帝，成為北周第三位君主。此時北周雖然已歷經三代，實際權力卻始終掌握在宇文邕堂兄宇文護之手。北周前兩任帝王，也就是宇文邕的兩位兄弟，都是由宇文護扶植登位後又被廢弒。

宇文邕繼位之初，為了避免重蹈前任國主的後塵，假意對宇文護唯命是從，以待時機。天和七年（西元五七二年），在位十二年的宇文邕羽翼已豐。

他設計殺死宇文護，重新奪回政權，改新年號「建德」。

宇文邕一心想要壯大北周國勢。為了富國強兵，宇文邕在掌握實權之後，隨即實施廢除佛、道二教的政策。

建德三年（西元五七四年），宇文邕下詔禁止佛、道二教以及國家祀典所明載的祭祀信仰。在這樣的政令之下，佛、道經典、塑像遭到嚴重的焚燬、破壞；數萬寺、觀盡賜予王公作為私宅，金銀財寶則一併收歸國有；百萬道士、僧侶悉皆勒令還俗，以充軍力。

雖然如宇文邕所願，國力得以充實，並於建德六年（西元五七七年）一舉滅掉北齊；然而，北周境內的佛教，卻遭到了相當程度的破壞。作為齊地佛教重鎮的泰山，也無可避免地捲入北周武帝的宗教清洗運動；僥倖的是，朗公寺並未受到波及。

如若加上前秦苻堅沙汰僧尼，朗公寺先後三次逃過了廢佛之災，後世因此傳出了神異的故事。傳說，朗公寺之所以能一而再、再而三地倖免於難，是因為只要有人進犯朗公寺，僧朗都會現形，揮動錫杖驅趕。之後，來犯者無不患病瀕死，束手無策；唯有對自己侵犯朗公寺的行為發露懺悔，方能痊癒如初。

北周的宗教整頓因為武帝宇文邕的去世而中止。三年後（西元五八一年），楊隋取代了北周。北周走入了歷史，而朗公寺仍然屹立於泰山。崇信佛教的隋朝開國君主楊堅，更因為屢有神通感應，於開皇三年（五八三年）賜名朗公寺為神通寺。神通寺因此大興。

直到唐代，神通寺依然是齊州重剎。而僧朗的精神思想，透過師徒的身教言傳相授，代代承襲。即使經過兩百多年歲月洗鍊，僧朗的精神仍然透過他的法嗣承襲並傳延下去。

義淨的師長——善遇和慧智，正是僧朗的法嗣。義淨在〈古德不為〉篇簡述師祖僧朗的事蹟時曾說：「雖神蹟久湮，而餘風未殄。」這說明了，僧朗滅後，遺範尚在。他所創建的朗公寺雖然深受皇家香火，但富足的物質護持並未腐蝕掉以僧朗精神為基柱的道風；義淨則在自己兩位師父的身上，看到了朗公的遺風。

博學多聞的善遇

善遇法師，德州人（今山東德州、陵縣、平原一帶），大約生於隋朝開皇四年（西元五八四年）。

善遇內、外兩學兼具，以廣學多聞著稱。除了佛教三藏聖典以外，亦涉獵諸子百家；上通天文，下知地理；儒門六藝、陰陽術數無一不精。凡所習學，皆能融會貫通，了然於胸。

善遇亦專於語言文字之學，著有佛典《一切經音義》以及其他字書傳世。善遇對於自己文字學方面的能力相當自信，曾自豪地說：「如果我不認識，那個就不是字。」

善遇的文才亦是名震一時。齊王李祐任齊州都督期間（西元六三六年至六四三年），某一年二月十五日，也就是釋迦牟尼佛的涅槃紀念日，善遇領著弟子回神通寺朝禮朗公聖蹟。當日，齊王門下文士正好在寺中舉行雅集聚會。眾人欲以詩文讚詠朗公，共推善遇先作一首。善遇也不推遲，筆走龍蛇，頃刻之間，一首五言律詩就書於牆上：

上聖光茂列，英猷暢溟海；空谷自棲遲，榮命虛相待。

萬古山川曠，千年人代改；真識了無生，徒見丹青在。

與會的文士見了此詩，皆心懷羞愧。珠玉在前，眾人深知文才比不過善遇，都自覺地擱筆投硯，息了表現之心。

善遇以持誦經典為本業，一部三、四十卷的《涅槃經》，一日便能誦畢。善遇年輕之時，曾以此背誦《涅槃經》的能力，攝服瞧不起他的僧人——

隋朝末年，善遇離開齊州遊學到南方。時值河北山東發大水，而煬帝好大喜功，不顧災情，仍向全國各地徵集民夫，攻打遼東高句麗。最終河北山東爆發民變，群雄趁機揭竿起義。內亂期間，回返山東的道路不通，善遇只能滯留揚州。

善遇在揚州某一道場掛單，默默等待回歸齊州的機會。寺中的本地僧人都認為魯地之人資質愚鈍，當他們得知善遇來自魯地，就想要趁機求證；故而要求善遇背誦《涅槃經》，並安排兩名小僧隨句對照，以核對善遇的背誦是否有誤。於是，善遇以慷慨激揚的音聲，從早上一直誦到晚上，一字不漏地將全卷背完。知道這件事的人無一不驚歎難得。

善遇不僅能將《涅槃經》倒背如流，且能順應不同素質的人講解《涅槃經》，讓聽者都能領會。如若不是諳通經義，是無法做到應機施教的。

終其一世，八部《般若經》——《大品般若波羅蜜多經》、《小品般若波羅蜜經》、《放光般若經》、《光讚經》、《道行般若經》、《金剛般若波羅蜜經》、《勝天王般若波羅蜜經》、《文殊師利所說般若波羅蜜經》，分別讀誦百遍。其他經典更不計其數。

善遇晚年亦兼修淨土，持念阿彌陀佛聖號；其念佛之數若以小豆子計算，可以載滿兩大車。

善遇臨命終時自知時至。在去世前三日，就已經告知弟子：「我三日後就會逝去，而且是抱著掃箒而亡。」三天後的清晨，門人慧力見善遇手執掃箒，坐在寺旁清澗一棵白楊樹下。慧力近前就看，心中納悶為何毫無聲響；伸手一摸，才發現善遇的手腳皆已冰冷，只餘頭頂尚有熱度，這才驚覺自己的師長已然坐化。這一年是貞觀二十一年（西元六四七年），善遇世壽六十有三。

在他身後，除了風範永存於眾弟子心中，隨身遺物留下三衣、臥具以及舊鞋兩雙。

專持《法華》的慧智

慧智，貝州人（今河北清河、山東臨清、武陵、夏津一帶），生卒年不詳。慧智雖然不像善遇那般多才多藝，但他同樣善於詩律。出家之後，慧智將所有心思都安放到持戒、習禪、誦經當中；偶作詩文，內容也只限於六度頌和發願文，並以他所擅長的草、隸書法，寫在土窟寺的燈臺之上。

慧智專誦《法華經》。《法華經》共有兩個譯本，分別是西晉竺法護所譯《正法華經》以及姚秦鳩摩羅什所譯《妙法蓮華經》，其中又以鳩摩羅什譯本更廣為流傳。《法華經》在魏晉隋唐時期相當受人崇奉，是諸經中最多人誦持、書寫的經典。唐代道宣曾謂：「自漢至唐六百餘載，總歷群籍四千餘軸，受持盛者，無出此經。」這也使得歷朝歷代都有不少誦讀、書寫《法華經》的感應事蹟留傳。

慧智自出家以來，六十餘年間，每日必持誦一部《法華經》。終其一生，共誦《法華經》二萬餘遍。隋末動亂，慧智雖因避難而到處遷移，卻也不曾中斷日誦《法華》的定課。

如此一心誦持《法華》，使得慧智六根清淨，四大平和，六十年來未曾患上任何疾病。每當慧智誦經，都能感得飛禽雞鳥聚止身旁聽經。

晚年，慧智發心書寫《法華經》。每次抄寫前，必先沐浴淨手，以清淨虔誠的身心專志書寫。透過精湛的書法造詣，將一字一句化為無上法布施。如此致心書寫，竟感得舍利示現經上。全經書畢，慧智以金字寫經題，配上遒勁有力的筆法，相當出彩。又以青玉為軸裝幀經卷，並將之收納在寶盒之中。

唐麟德二年（西元六六五年）十月二十八日，高宗攜同皇后及文武百官，從洛陽出發，前往泰山準備封禪事宜。次年二月，正式舉行封禪大典。禮畢，改年號為乾封，易奉高縣為乾封縣。高宗在泰山之時，聽聞慧智書寫《法華經》的感應事蹟，於是將經典請回宮中供養。

慧智圓寂之時，義淨已在西行求法的旅途。或許怕觸景傷情，也可能是基於其他原因，義淨在回憶慧智的相關文字中，並未述及慧智去世前後的事情。雖然無法明確知道慧智世壽多少，但義淨曾提到慧智持誦《法華經》六十餘年；若再加上童蒙時期，慧智至少活了七十餘歲，在古代算是相當長壽了。

善遇、慧智離山，入世建寺度眾

泰山是齊州的佛教中心，名刹林立，是修行參學的好所在，神通寺更是當地重刹，善遇、慧智卻選擇離開。兩位法師是基於什麼原因作出這樣的抉擇呢？據義淨晚年的憶述：

二德以為山居獨善，寡利生之路，乃共詣平林，俯枕清澗，於土窟寺式修淨居，即齊州城西四十里許。

原來，兩位大德認為在山中隱居修行是獨善其身，無益於弘法利生；因此，兩人才決意離開靜謐安逸的神通寺，選擇在平林之中依水建設土窟寺。中國古代以農業為重，平原雖不如城鎮般人口繁多，卻也是炊煙裊裊之地。平林中建寺，即可以為寺眾存留一分清寧，以法與律安頓身心；同時也可以大開方便之門接引眾生，服務鄰里，讓附近村鎮的老百姓能有個洗滌身心、植福修慧之所。

至於善遇、慧智二師是在什麼時候離開神通寺，從善遇的生平事蹟大概可以推估出來。善遇大約生於隋開皇四年（西元五八四年）。隋末民變動蕩之時（西元六一一至六一八），在南方參學的善遇滯留揚州。西元六一八年，李淵逼迫只在位數月的傀儡皇帝隋恭帝楊侑禪位於他，立國號唐，年號武德。之後，唐軍花了六年的時間，逐步消滅掉各地的割據勢力。唐貞觀十六年（西元六四二年），七歲的義淨被送到土窟寺出家。

由此推測，善遇和慧智離開神通寺到齊州城西平林地區建寺的時間，應該是武德年間隨著戰亂逐漸平息，社會開始恢復平穩之時。此時，善遇大約三十多、四十歲，正是想要利用餘生為佛教做一些事的時候。

善遇和慧智建設土窟寺以「利生」為目的；而這利生的宗旨，主要是落實在菩薩六度（布施、持戒、忍辱、精進、禪定、智慧）中的「布施波羅蜜」。布施波羅蜜又可分為財施、法施、無畏施，善遇本身就是以財施為日常行持之一。只要有人向他乞錢，善遇都會滿足對方，他更發願每日至少布施三文錢。

某年隆冬之月，遊方僧道安冒著風雪趕路；當他來到土窟寺鄰近的村子時，腿足都已經凍傷。村人見了，隨即拉了車子，將道安送到土窟寺，抵寺時正好遇到準備出門的善遇。善遇一見道安的傷勢，隨手就將新做的披風掩蓋到潰爛流膿的小腿上。旁人見了阻止說：「應該尋些舊衣物來用就好，免得弄髒了新的衣服。」善遇回應說：「救濟寒苦要緊，哪還有時間去找別的衣物！」聞者莫不讚歎。

為了能夠幫助更多需要物質救助的人，善遇和慧智在土窟寺經營「無盡藏」。所謂「無盡藏」，是寺院將信眾供養的財物，透過買賣、放債以及典當等生意輾轉生利，所得利潤繼續用到僧團的維持上。這樣的運作模式，在佛陀時代就已存在。

不過，一開始的時候，佛陀是不允許弟子從事前述營生的。當時僧團中有部分僧人因為經營買賣等生意，遭世人譏嫌釋子沙門與俗人無異；於是，佛陀制定學處禁止這樣的行為。各部派律典都有相關學處的緣起、成犯條件的說明，只是解說上有廣略之別而已。

既然如此，為何佛陀後來又會開放僧團將信眾供養的物資拿去交易呢？

事緣佛世時，一群貴族見諸比丘住得比自己還差，於是合資為僧團建造更好的房舍；這些房子使用久了，難免又會破損。出資建房的施主見了，擔心地想：「我們還在的時候，寺院的房舍就開始損壞；我們死了以後，這些房舍又該怎麼辦？」

施主們經過一番討論之後，決定供養一批物資給僧團，讓僧團利用這些物資輾轉生利；如此一來，僧團就有了持續用作房舍維修的資金。這些能夠生生不息、翻轉獲利的物資，律典中稱為「無盡物」。

最初，比丘接受了無盡物的供養，只是將之儲藏在庫房。後來施主發現，物資捐了，房子卻未修好，詢問之下，得到的回覆是「沒錢」。當下施主就責疑比丘私吞了東西。比丘很無辜的說：「我沒私吞！東西還收在庫房呢！」施主再問：「那為何不拿去換錢？」比丘說：「佛陀不允許我們賺錢。」比丘不得已，只好向佛陀請示解決方法。

因為交易無盡物獲取錢財是供給僧團，而不是比丘個人私利，佛陀才開方便允許以無盡物謀利。

隨著佛教傳入中國，這種既能處理寺院庫房物資囤積問題、又能解決寺院經濟難題的辦法，也紛紛被漢地道場仿效施行，於是就有了北魏的「僧祇戶」、隋唐的「無盡藏」、宋代的「長生庫」等。

不過，這種寺庫經營模式與佛世時有所差別；中國佛教的寺庫，更像現代的慈善基金會。因為，寺庫所獲得的利潤，除了營建修繕道場，供養三寶，還會用來救濟貧苦。善遇和慧智在土窟寺設立的無盡藏也是如此：

營無盡藏食，供養無礙。所受檀施，咸隨喜捨。……敬修寺宇，盛興福業。

雖然在義淨的回憶中並未提到，寺院管理方面，善遇和慧智二人如何分工；但從文句細微之處可以發現，土窟寺的庶務是由善遇負責。義淨提到：

法師之度量也。但有市易，隨索隨酬；無論高下，曾不減價。設有計直到還，亦不更受。時人以為雅量超群也。

在義淨的印象中，善遇為人很有度量。買賣交易時，都任由商戶開價，說是多少就付多少，不會討價還價；若是遇到老實的店家發現多算了錢，想要還他，善遇也不會接受。

義淨的憶述雖然是讚美師長的品德，但也可以由此看出，寺院的採購事務是由善遇負責。既然與商家的往來是善遇的工作，土窟寺無盡藏的主要經營者，想必也是善遇。

依此推敲，義淨的家人應該也是土窟寺護持者之一。張父與善遇、慧智二師往來日久，受二師品德所感召，才會願意割捨親愛，送年僅七歲的義淨入寺出家。

幼兒的心靈就像一張白紙，此時在這白紙上塗抹何種色彩，對他往後的人生都將會有莫大影響。義淨以髫齔之齡親近善遇、慧智兩位善知識，他在兩位師長的教育和潛移默化中，又將會成長為怎樣的人呢？

第二章　受學・立志

於是遍詢名匠，廣探群籍；內外閑曉，今古遍知。年十有五，志遊西域；仰法顯之雅操，慕玄奘之高風。加以勤無棄時，手不釋卷。弱冠登具，逾厲堅貞。

義淨的學習歲月是他生命中很重要的階段，不僅奠定他以律學的行持和推廣為己任的性格特質，更是他萌發西行求法之志的關鍵時期。

初入土窟寺

依佛制，出家為沙彌必須先求得二師長，其一為「鄔波馱耶」，其二為「阿闍黎」；義淨入土窟寺為沙彌，善遇為鄔波馱耶，慧智為阿闍黎。

鄔波馱耶，梵語是 upādhyāya，意譯為親教師，又作和尚、和上。鄔波馱耶有兩種：一是為沙彌剃度、授十戒的鄔波馱耶，二是為比丘授具足戒的鄔波馱耶。如果有人請求出家為沙彌，鄔波馱耶會先詢問幾個檢核出家資格的問題；確定符合出家條件，又願意收對方為弟子，鄔波馱耶就會為求出家者授三歸五戒，讓他成為優婆塞，也就是在家男居士。之後，鄔波馱耶再為求出家者剃度，傳授沙彌十戒。如若求出家者已滿二十，符合受具足戒成為比丘的資格，鄔波馱耶則會為他準備好出家物資，並禮請授戒所需諸師，共同見證、傳授比丘具足戒。

阿闍黎則是梵語為 ācārya 的音譯，又作阿遮利耶，意譯為軌範師。有五種阿闍黎：一、「十戒阿闍黎」，謂授三歸及十戒者；二、「屏教阿闍黎」，謂授具足戒時，於屏處檢問障法者；三、「羯磨阿闍黎」，謂授具足戒時，作白四羯磨（梵語 karma 之音譯，意為「業」，此處指的是授戒、說戒、懺罪，以及各種僧事的處理）者；四、「依止阿闍黎」，謂與比丘共住，指導、監督比丘修行學法者；五、「教讀阿闍黎」，謂教導比丘讀誦經教者。

義淨在善遇鄔波馱耶和慧智阿闍黎的接引下，開啟了他在土窟寺的出家生涯。

義淨幼年離家，來到陌生的土窟寺生活，小小年紀難免思親想家；他剛到土窟寺的時候，每到夜裡就會特別想念母親，蜷在被窩裡悶聲哭泣。照顧義淨起居生活的慧智看在眼裡，憐憫之情油然而生。可是，他沒有養育孩子的經驗，面對一直哭著找媽媽的幼兒，能怎麼辦呢？

這時候，慧智想起《大般涅槃經．卷二十．嬰兒行品》的一則譬喻：小嬰兒一直啼哭不休，父母為了讓他止哭，拿著楊樹金黃色的樹葉哄他說：「乖哦，別哭，我給你黃金！」小嬰兒看到黃澄澄的楊樹葉，以為那真的是黃金，就破啼為笑，不哭了。

於是，慧智就學著譬喻中的父母那樣，拿東西逗小徒弟，轉移他的思母之情；有時候就則會講講烏鴉反哺之類的故事，哄小徒弟睡覺的同時，也可以灌輸一些報答父母生養之恩的觀念。

慧智對義淨是發自內心的疼愛。每天凌晨三點，義淨會到慧智的寮房向他問安請益；慧智總是以慈愛的微笑，看著小徒弟向他作禮問好。禮畢，慧智將小徒弟引到身旁，一邊如慈母般輕撫他那弱小的肩膀，一邊聽著他以純真的童音說話。凡是有美味珍饈，慧智必定會想到要給小徒弟嘗嘗；對於義淨所提出的要求，慧智也總會盡量地滿足。

相較之下，善遇則像是嚴父。博學多才的善遇負責義淨的學業；因為有所要求，對待孩子自然會較嚴格。此外，由於善遇負責土窟寺的庶務，大部分時間都忙於處理寺中大小事務；因此，平日裡除了給義淨上課，與小徒弟互動的時間並不多。小孩子很自然地會更親近疼愛他的慧智師父多一些。善遇如嚴父般的教誡砥礪，慧智則像慈母般誘導愛護；兩人一張一弛，讓小沙彌義淨逐漸投入到新的生活與學習當中。

善遇為義淨啟蒙；在他的指導下，舉凡經史、詩詞、文字音義之學，義淨都曾涉獵。對於善遇的才能，義淨是相當感佩的。他在晚年回憶起善遇的事蹟時，曾讚歎道：「哲人不器，斯之謂也！」意思是，有才華的人不會像定形、受限的器具一般，只有一種功能。想必，在每日的教學互動中，小沙彌義淨逐漸被善遇的才華所折服。

於是乎，這位嚴厲而博學的善遇師父，就成為了小小孩兒心中景仰、學習的榜樣。

或許是發現義淨對於外學的興趣過於濃厚，課堂之外花較多的時間在世典上，在義淨十歲的某一天，慧智嚴肅地告誡他說：「你要行佛事業，令三寶得以承續不絕；切不可放縱自己在世間學問上虛度一生。」

然而，義淨當時年紀尚幼，並不太能領會師長的這一番諄諄教誡，依然將心思投放到世學上。直到兩年後發生了一件大事，方使得義淨放棄世學，專心致志於佛法的研習。

那一年，義淨的親教師善遇在土窟寺旁的一棵白楊樹下坐化。善遇在圓寂前一年就有預感自己將不久於人世；於是，他將所有文章、雜書、史書等世學典籍，都讓人弄碎成紙泥，塑造兩尊金剛力士作為守護寺門之用。門人感到可惜，建議用空白紙張替換，善遇拒絕了門人的建議。原因是，他覺得自己因為耽著於世俗文章雜學而荒廢了佛法上的修習，不希望弟子門人也像他一般，所以決定毀掉所有藏書，免得誤人誤己。

不過，善遇留下了對於研習三藏佛典有幫助的字書之類的工具書，並將之贈與義淨。他對自己的小徒弟說：「你已略讀過經史典籍，文字也認得一些，應該用心於佛典，切勿受世學所累。」當時，義淨怎麼也沒想到，這是師父給自己留下的遺訓。

善遇入滅時義淨年僅十二。半大的孩童初次面對死別，故去的人又是自己所敬佩、如嚴父般存在的師長，頓時讓他有一種失去依靠的感覺。善遇的遺教言猶在耳，義淨遂依教奉行，棄捨外學，傾注於內典。

義淨七歲入寺並未真正成為出家人。義淨在《南海寄歸內法傳．古德不為》提到「十四得霑緇侶」；也就是說，他在十四歲時才真正納入僧數。何以如此？沙彌基本上是七歲至十九歲的兒童、少年。另外，年滿二十卻因為特殊原因未能受具足戒者，以及六十歲至七十歲可以照顧自己的老人，也能納入沙彌之數。

依佛制，七歲以下兒童太年幼，生活無法自理，因此不被允許出家。七歲至十三歲的孩童若是出家，他們已能夠應付僧團驅烏守食的基本能力，因此又稱「驅烏沙彌」。十四歲至十九歲的沙彌，心智已較成熟，能夠奉行沙彌相應的行法，故又稱為「應法沙彌」。若僅僅剃髮染衣，現出家相而沒有受沙彌十戒，則稱為「形同沙彌」，因為看起來只是出家人而已，本質上還是俗家人。如果受了沙彌十戒，則稱為「法同沙彌」，已入出家四眾弟子之列。

義淨入寺之時已達佛制出家受戒的年齡，何以他的師父只讓他做個「形同沙彌」，而不為其授沙彌十戒？這就與唐代僧、道管理制度有關。義淨在《南海寄歸內法傳．卷三．受戒軌則》提到：「神州出家，皆由公度。」所謂「公度」是指，意欲出家者，必須經過政府的考核；唯有審查合格，才能獲准剃度出家。

像義淨這般以稚齡入寺修行而尚未公度出家的童子，中唐以後稱之為「童行」。從童行進階僧數的考核並不簡單。

唐大曆八年（西元七七三年），代宗李豫敕度全國童行，策試項目包括經、律、論三藏。宋代承襲唐朝的僧尼管理制度，並正式將童行制納入律法，建立起完整的管理軌範，包括年齡限制、出家動機審核、申請方式等。凡獲准出家為童行者，需在禮部所屬的祠部司「係帳」，也就是將所屬寺院、依止何人為師、童行的法名等資料登記在冊。

雖然受限於史料的關係，並不清楚唐代的僧籍管理制度是否包括童行；但從義淨入土窟寺時，就已具足親教師、軌範師來看，當時官方對於幼兒入寺修行的處理方式，相必與宋代有雷同之處，不算私度。

公度僧尼並非唐代特有；南朝劉宋時期，已有向朝廷申請剃度出家的事例。大隋統一中原後，於鴻臚寺設置「崇玄署」統管釋、道事務，隋文帝與煬帝也曾分別敕度僧尼。唐初承襲隋制，仍由鴻臚寺崇玄署專門負責全國僧、道事宜，並訂立度僧軌範，嚴格禁止僧尼私度。

貞觀九年（六三五年）十一月，唐太宗李世民為剛去世不久的高祖李淵祈福，詔度三千僧尼。他詔書上說：

門下：三乘結轍，濟度為先；八正歸依，慈悲為主。流智慧之海，膏潤群生；翦煩惱之林，津梁品物。任真體道，理葉至仁；妙果勝因，事符積善。朕欽若金輪，恭膺寶命。至德之訓，無遠不思。大聖之規，無幽不察。欲使人免蓋纏，家登仁壽，冥緣顯應，大庇含靈。五福著於洪範，三災終於世界。比因喪亂，僧徒減少；華臺寶塔，窺戶無人。紺髮青蓮，櫛風沐雨；眷言彫毀，良用憮然。其天下諸州有寺之處，宜令度人為僧尼，總數以三千為限。其州有大小，地有華夷，當處所度少多，委有司量定。務取精誠德業，無問年之幼長。其往因減省還俗及私度白首之徒，若行業可稱，通在取限。必無人可取，亦任其闕數。若官人簡練不精，宜錄附殿失。但戒行之本唯尚無為，多有僧徒溺於流俗——或假託神通，妄傳妖怪；或謬稱醫筮，左道求財；或造詣官曹，囑致贓賄；或鑽膚焚指，駭俗驚愚；並自貽伊戚，動掛刑網。有一於此，大虧聖教。朕情深護持，必無寬捨。已令依附內律，參以金科，具為條制。務使法門清整。所在官司宜加檢察。其部內有違法僧不舉發者，所司錄狀聞奏。庶善者必採，惡者必斥。伽藍淨土咸知法味，菩提覺路絕諸意垢。

從太宗的這份詔書可以瞭解到以下幾點：

一、全國度僧名額的分配方式。太宗此次度僧的名額為三千人，其分配方式是依據州縣所在的地理位置和大小來決定。

二、受度者的揀擇標準。太宗此次度僧的對象不分年齡長幼，而是優先選取「精誠德業」者。此外，曾因國家減省僧尼人數而被迫還俗者，以及年老的私度僧侶，若是「行業可稱」，也在揀擇之列；如果沒有適當的人選，則寧缺勿濫。若有官員被發現不用心辦事、簡練不精，則會影響他的政績考核。

太宗的揀選標準看似嚴格，實則模糊不清；因為，他並未言明該如何判定受度者是否「精誠德業」。反倒是後來的大唐國主以背誦經典作為考試項目，更容易讓有司官員進行考核。

三、訂立律法對付腐敗的僧尼。雖然因年代久遠、史料不存的關係，無法得知有司訂立了哪些法律來匡正不法僧侶；但從李世民曾下令處死私度僧尼的情況來看，他所謂的「必無寬捨」，是會嚴厲到採取極刑的。

四、唐初已設制監察僧尼。唐高祖時期就已在各州縣設置寺、觀監各一人，此寺、觀監隸屬崇玄署，負責地方上釋、道事務。從太宗的詔書可知，寺、觀監同時具有監察僧、道之責，遇有違法情事，需即時上奏；受度僧尼的篩選，應該也是由各州縣的寺監負責。

朝廷的公度時間卻並不固定，通常是皇帝因為各種原因下詔度僧才會進行。國家因此有效地控制了僧尼人數，佛教的發展卻因此受阻；畢竟，如來家業的推行需要人才。剛從印度歸國不久的玄奘有鑑於此，尋了個適當時機，向太宗進言道：「弘法需要人才，因此度僧這件事至為重要。」太宗接受玄奘的諫言，下詔每寺度五人，全國敕詔僧尼共一萬七千人，義淨也在一萬七千人之列。

這一年是貞觀二十二年（西元六四八年），義淨虛歲十四；經過七年寺院生活的訓練、學習，身心狀態都已作好受度的準備。於是趁此敕度僧尼的機緣，經過官方審核，成為真正的出家僧人；不過，義淨未滿二十，只能受十戒成為沙彌。

玄奘是何許人，為何他可以向太宗提出度僧的建言，而太宗又願意接納？這就要從玄奘的事蹟開始談起。

為求佛法犯禁離唐的玄奘

玄奘，俗姓陳，名褘，洛州緱氏人（今河南偃師市一帶），大約生於隋文帝仁壽二年（西元六〇二年）。他的兄長是隋都洛陽淨土寺僧人長捷。玄奘年幼時，被他的兄長接到淨土寺生活，帶著他學佛。

隋大業八年（西元六一二年），煬帝下詔度僧。虛歲十一的玄奘以背誦《維摩經》和《法華經》通過考核，獲准剃度出家。玄奘出家之後仍住淨土寺；他先是在寺中聽景法師講《涅槃經》，隨後又向嚴法師習《攝大乘論》。玄奘雖然年幼，卻相當聰慧，年僅十三就能夠覆講《攝大乘論》。

武德元年（西元六一八年），玄奘與兄長為避戰禍，遷居長安莊嚴寺。到了長安才發現，長安處於備戰狀態，大家無心學法，故而也無人登座講法。後來玄奘聽說四川遠離戰亂中心，社會相對安定，各地僧徒多聚集在那兒授學聽法。於是，兄弟二人為了學法，又再移居蜀地成都，先後聽道基講《雜阿毘曇心論》、寶暹講《攝大乘論》、慧震講《八犍度論》。武德五年（西元六二二年），玄奘年滿二十，在成都進受比丘戒，並在結夏安居期間專志習律。

習律圓滿後，玄奘開始思考下一步要前往哪裡繼續學習；思量再三，他決定返回長安。玄奘向他的兄長說了他的計畫，兄長希望玄奘能和他一起繼續留在成都。玄奘不願，於是獨自跟著商隊，沿著長江到了荊州。因受到當地僧人請法，玄奘遂在荊州天皇寺停留數月，宣講《攝大乘論》、《毘曇》；講畢，玄奘重新踏上參學的旅程。

玄奘一路北上，先到河南相州拜訪慧休。慧休單獨為玄奘講解《雜阿毘曇心論》和《攝大乘論》，歷時八月方畢。接著，玄奘又到河北趙州，向道深學習《成實論》。之後迴轉南下，如願回到長安。玄奘在長安大覺寺依止道岳學習《俱舍論》，又向法常、僧辯、玄會等諸師請教《俱舍論》、《涅槃經》方面的疑難，收穫豐富。

玄奘因為聰穎博學，在長安名聲漸顯，僕射蕭瑀奏請讓玄奘住持莊嚴寺。

然而，玄奘志不在住持一方，在他的心中有更重要的事情想做，那就是前往佛國印度。

玄奘會有這樣的想法，緣於他的學習經歷。玄奘自出家以來十數年間，東西南北往來，四處遊歷參學，遍謁眾師依止聽法。當時流行的學說，玄奘無不遍習窮究；再加上玄奘本身也開講經論，所謂教學相長，因此他對於各家的詮解都鑽研得相當透徹。然而，他懂得越多，心中的困惑越大。玄奘發現，諸家學說各有其宗；驗之聖典，經論文義又隱顯有異。這樣的現象讓他無所適從，心中想要西行求法解惑的念頭日益強烈。

彼時大唐立國未穩，邊境突厥又時有來犯，朝廷因此明令禁止百姓出國。玄奘嘗試上表奏請出關，有關單位的官員卻不幫他上呈奏書。玄奘沒辦法，只好留在長安，一邊向胡人學習外國語文，一邊尋求機會前往印度。

貞觀二年（西元六二八年），京畿發生嚴重旱災和蝗災；接連發生的災難，讓災區的糧食危機雪上加霜。太宗李世民下旨，允許長安百姓離京自謀生路；

玄奘藉此機會，隱身在逃荒人潮中，悄悄離開皇都，踏上西行的旅途。

玄奘這一路走得並不平順。大唐禁止人民私自出境，而玄奘又申請不到通關文書；因此，他是冒著被捕的風險，偷渡出關。幾經困難成功出境後，他踏著茫茫黃沙，行走在人跡罕至的大漠，途中因為缺水加上迷路，差點兒埋骨黃沙。險此喪命的經歷，曾讓玄奘心起退意；但玄奘想起自己曾經發願：

若不至天竺終不東歸一步，今何故來？

寧可就西而死，豈歸東而生！

最終，他靠著自己的意志力，以及菩薩的加持力，克服諸多逆境，支持他走出沙漠，來到西域的伊吾國。之後玄奘輾轉前行，途經高昌、焉耆等國，翻越山勢險峻、終年積雪的天山，經過西突厥要塞鐵門峰，攀越艱危的大雪山和黑山，終於進入北印度。

玄奘此行主要是為了學習論典而來；因此，他最終的目的地是要前往全印度的最高佛教學府那爛陀寺。他一路禮佛塔，朝聖蹟，往中印度行進。沿途雖然受到各國國主重視，以豐厚的供養、高規格的待遇勸留玄奘，然而玄奘卻未曾因此而改變初衷。終於在離開大唐三年後，抵達位於中印度摩竭陀國王舍城附近的那爛陀寺。

玄奘在那爛陀寺依寺主戒賢為師，學習《瑜伽師地論》。年老體弱的戒賢親自開大座，為玄奘講授《瑜伽師地論》，前來旁聽者多達數千人。戒賢講得非常仔細詳盡，共歷時十五個月方將整部《瑜伽師地論》講解完畢。

玄奘在那爛陀寺留學期間，共聽了三遍《瑜伽師地論》，又聽了《順正理論》、《顯揚聖教論》、《對法論》各一遍、《中論》、《百論》各三遍。除了佛教論典，玄奘也研習了因明、聲明、婆羅門典籍等學問。

光陰荏苒，五年時間就這樣過去了。三十六歲的玄奘結束那爛陀寺的學業，再次踏上旅途，繼續遊歷各國。南遊途中若值遇善知識，玄奘也會停下腳步，依止學習。玄奘南遊數年後，決定返回那爛陀寺。

玄奘在印度的最後數年，曾多次與佛教和婆羅門教論師辯論；或是著述破除惡見，或是公開你來我往辯論，玄奘沒有一次不獲得勝利。最著名的一次，是在曲女城舉行的辯論大會。玄奘受戒日王之請，擔任大會論主，宣揚大乘教義；出席者包括五印度十八國國王、三千餘名精通大小乘教義的高僧、那爛陀寺千餘名僧眾，以及婆羅門、外道兩千餘人，可謂雲集了全印度博學善辯之士。

歷時十八天的辯論大會，玄奘每日登座宣講，卻始終無人可以針對玄奘的論述提出辯駁。從此以後，玄奘聲名遠播全印。辯論會結束後，玄奘拒絕了戒日王的挽留，啟程返回中土。

貞觀十九年（西元六四五年），玄奘從陸路返回大唐，結束歷時十七年的西行求法之旅。玄奘共帶回了一百五十顆佛陀舍利、佛像七尊、佛教經論六百五十七部。

玄奘偷渡離境，載譽而歸，受到太宗以高規格的禮儀迎接。太宗對玄奘崇信有加，當他得知玄奘想要找個寺院安心譯經，隨即安排玄奘住進長安弘福寺，並為他準備一切譯經所需事物和人員。貞觀二十二年（西元六四八年），太宗接納玄奘的建議，全國度僧一萬餘人，各寺所獲名額只有五位；弘福寺因為玄奘的關係，特別獲得五十人的名額。

義淨因為這一次的官度機會，正式成為在籍的出家人。義淨因為玄奘而得蒙敕度，對於這位剛從印度求法歸來的前輩大德心生景仰；之後，義淨有幸拜讀玄奘的遊歷見聞錄《大唐西域記》。在此之前，義淨就曾讀過另一部求法遊記《佛國傳》（又名《法顯傳》）；此書是求法僧法顯所撰，書中記錄了他的遊歷見聞。法顯與玄奘兩人的求法事蹟以及為法忘軀的精神，深深撼動義淨這位年輕僧人的心靈，讓他也萌生了前往印度遊歷的想法。

受具習律，聽講大經

唐高宗永徽六年（西元六五五年），義淨年滿二十，以慧智為和尚，進受比丘具足戒。義淨所受戒法是印度法藏部所傳的戒律，即《四分律》。

《四分律》大約是在姚秦弘始十二年（西元四一〇年），由佛陀耶舍和竺佛念共同翻譯。齊梁之際，北方僧人慧光（約卒於西元五三八年）撰《四分律疏》等律學典籍，致力弘揚《四分律》。《四分律》逐漸取代分別在南方和北方流傳的《十誦律》和《摩訶僧祇律》，成為漢地律學正宗。

義淨受戒之時，四分律學因詮解的差異，已然分衍出道宣為首的「南山宗」，以及法礪的「相部宗」。義淨曾提到：

> 進奉旨曰，幸蒙慈悲賜以聖戒。隨力竭志敢有虧違，雖於小罪有懷大懼，於是五稔之間精求律典。礪律師之文疏頗議幽深，宣律師之鈔述竊談中旨。

由此可見，四分律學雖已分派，但義淨在《四分律》的學習上，並未特尊某家的詮說，而是全面性地精研各家律疏。如此截長補短的學習方式，為義淨打下厚實的律儀行持基礎。

依佛制，新戒比丘必須依止師長學律五年。慧智是義淨的戒和尚，同時也是教授律儀的師長。在慧智的指導下，義淨每日都沉浸在戒律的研習中，隨著時間的流逝，逐漸嫻熟、精通。對於義淨的學習狀況，慧智是了然於胸的；不過，為了確認弟子義淨對於戒律的開、遮、持、犯是否都已全盤瞭解，慧智還是要求義淨覆講一遍。

義淨順利通過覆講的考核後，慧智才允許他開始聽講大乘經典。慧智之所以會有這樣的安排，是因為大乘經典中某些修行方式與聲聞戒有所牴觸；如若不通戒法的開遮，貿然仿效經典所強調的修行方式去實踐，則會有犯戒之險。慧智的擔憂並非無的放矢。經中論及佛、菩薩過去世的修行因緣，常有捨身的敘述；例如，較為人所熟知的「以身飼虎」、「割肉餵鷹」等故事，講述的是佛陀過去世修菩薩道時的事蹟。

自南北朝以降，漢地佛教就有不少僧侶和白衣居士受到大乘經典中菩薩捨身事蹟的影響，進而有自殘身體、自傷性命的修持行徑。其中又以《妙法蓮華經．藥王菩薩本事品》影響最深。

「本事」是佛經類型之一，內容是敘述佛弟子過去世的經歷。〈藥王菩薩本事品〉是釋迦牟尼佛應宿王華菩薩之請，說明藥王菩薩過去世的修行因緣，以及《法華經》的殊勝功德。

藥王菩薩在過去某一世時名為「一切眾生憙見菩薩」。當時，一切眾生憙見菩薩在日月淨明德佛座下修習《法華經》，後證得「現一切色身三昧」。一切眾生憙見菩薩感念日月淨明德佛和《法華經》的功德力，為報佛、法之恩，以各種香、花並燃身供養日月淨明德佛和《法華經》。經中是如此敘述：

是一切眾生憙見菩薩樂習苦行，於日月淨明德佛法中精進經行，一心求佛。滿萬二千歲已，得現一切色身三昧。得此三昧已，心大歡喜，即作念言：「我得現一切色身三昧，皆是得聞《法華經》力，我今當供養日月淨明德佛及《法華經》。」

即時入是三昧，於虛空中雨曼陀羅華、摩訶曼陀羅華、細末堅黑栴檀，滿虛空中如雲而下。又雨海此岸栴檀之香——此香六銖，價直娑婆世界——以供養佛。作是供養已，從三昧起，而自念言：「我雖以神力供養於佛，不如以身供養。」

即服諸香——栴檀、薰陸、兜樓婆、畢力迦、沈水、膠香，又飲瞻蔔諸華香油。滿千二百歲已，香油塗身，於日月淨明德佛前，以天寶衣而自纏身，灌諸香油，以神通力願而自然（燃）身，光明遍照八十億恒河沙世界。

其中諸佛同時讚言：「善哉！善哉！善男子！是真精進！是名真法供養如來！若以華、香、瓔珞、燒香、末香、塗香、天繒、幡蓋及海此岸栴檀之香，如是等種種諸物供養，所不能及。假使國城、妻子布施亦所不及。善男子！是名第一之施，於諸施中最尊最上！以法供養諸如來故。」作是語已而各默然。

其身火燃千二百歲。過是已後，其身乃盡。

一切眾生憙見菩薩因燃身供佛而亡。命終之後，藥王菩薩旋即再次化生到日月淨明德佛的國土中。此時，日月淨明德佛已將入涅槃，他將佛法付囑於一切眾生憙見菩薩，並交代一切眾生憙見菩薩將他的舍利廣設佛塔供養。交代完身後事，日月淨明德佛當夜就入於涅槃。一切眾生憙見菩薩遵從日月淨明德佛的囑托，交荼毘所得舍利建塔供養。他作完這些事後還覺得不夠，隨即又焚燒自己雙臂作為供養：

爾時一切眾生憙見菩薩見佛滅度，悲感、懊惱、戀慕於佛，即以海此岸栴檀為積，供養佛身，而以燒之。火滅已後，收取舍利，作八萬四千寶瓶，以起八萬四千塔，高三世界，表剎莊嚴，垂諸幡蓋，懸眾寶鈴。

爾時一切眾生憙見菩薩復自念言：「我雖作是供養，心猶未足，我今當更供養舍利。」便語諸菩薩、大弟子及天、龍、夜叉等一切大眾：「汝等當一心念，我今供養日月淨明德佛舍利。」作是語已，即於八萬四千塔前燃百福莊嚴臂七萬二千歲而以供養，令無數求聲聞眾、無量阿僧祇人發阿耨多羅三藐三菩提心，皆使得住現一切色身三昧。

釋迦牟尼佛在宣說完藥王菩薩的修行因緣後，也強調了燃身供養以及受持《法華經》的殊勝功德：

宿王華！若有發心欲得阿耨多羅三藐三菩提者，能燃手指，乃至足一指供養佛塔，勝以國城、妻子及三千大千國土山林河池、諸珍寶物而供養者。若復有人以七寶滿三千大千世界供養於佛及大菩薩、辟支佛、阿羅漢，是人所得功德，不如受持此《法華經》乃至一四句偈，其福最多。

大乘經典中雖然有佛、菩薩的捨身事蹟，像〈藥王菩薩本事品〉般直接宣揚、讚歎捨身功德的記載卻不多見。

慧智不僅是一位持戒嚴謹的比丘，同時也是一位頭陀行者，堅持實踐日中一食、長坐不臥、托鉢乞食等頭陀行。漢地僧團雖然因社會習俗的關係，已不再托鉢乞食，慧智卻仍信受奉行，每日乞食一餐。慧智還在神通寺修行時，雖然因神通寺位於深山中，乞食不便，慧智也不曾改變這樣的生活方式。

因此，慧智雖然是專修《法華經》的大乘行者，甚至還曾因抄寫《法華經》而感得舍利現前；但是，慧智卻不認同僧人仿效《法華經》中燒身供佛這等有違聲聞戒的行為。

慧智擔心弟子義淨也會犯上時人之誤。所以，在義淨受比丘戒不久的某一個夜晚，正在經行的時候，忽然流著淚對義淨說：「佛陀涅槃已久，法教流傳日久也出現了訛誤。如今好樂受戒之人雖多，能夠持守之人卻很少。你只要堅守不犯初篇重戒，其餘戒法若有毀犯，我當代你入地獄受罪。燃指、燒身這些事不應該做！」

燒身導至身亡，這會毀犯四根本重戒的殺人戒；燃指雖然不至於傷害性命，身體卻會因此致殘。「自殘身體」雖然不在兩百餘條比丘戒的範疇裡，但在律典其他篇章中有載：某比丘因被毒蛇咬傷手指，為去毒而自截手指；後來，這位比丘被居士嘲笑缺指，佛陀因此禁止比丘自斷手指，違者犯突吉羅（梵語 duskrta，意為小過、輕垢）。更有比丘由於淫心太重，故而自斷男根，以為這樣就可以平息淫火，結果差點喪命。佛陀得知後，訓誡比丘該斷的是煩惱，不是男根；由是因緣禁止比丘自斷男根，違者犯偷蘭遮（梵音 Sthūlatyayas，意為大罪、粗惡）。

可見，佛制不許比丘因任何理由自殘身體；因此，燃指、燒身都不是沙門釋子所應當為。

義淨剛受比丘戒，不知輕重，慧智才會特別叮囑義淨不可燃指、燒身。為穩妥起見，慧智為義淨定下先習戒律後學大乘經典的學習計畫。

唐代佛教獲得帝王護持，樂於出家為僧、從中獲取利益者眾，真正嚴持戒律者寡，使得僧人素質參差不齊；加之僧人以燃指、燒身為證道之行，何者當為、何者不當為，莫衷一是。義淨受慧智的諄諄告誡，花了數年時間研習律藏，竭力奉持。之前受玄奘、法顯影響所萌生的西行之志，也在習律的過程中日益壯大，希望有朝一日能前往佛國考察，從根源上去尋求解惑之道。

負笈遊學，研習諸論

唐代僧人遊學之風極盛。義淨五年習律圓滿之後，原可向師父告假出外參學，他卻一心只想在師父身邊侍奉、學習。慧智不想埋沒這位年輕的弟子，於是把他叫到面前來，說：「我眼下身邊還有其他人可以擔任侍者，你切不可放棄聽讀的機會，在這裡空過時日。」

義淨遵從師父的勸導，著手為出行作準備。義淨曾在〈古德不為〉篇提到：「乃杖錫東魏，頗沉心於對法、攝論；負笈西京，方閱想於俱舍、唯識。」可見，他這次離開土窟寺出外遊學，主要是為了學習論典。

義淨二十歲受戒，而後習律五年，之後又在師父身邊聽習大乘經典。如此算來，義淨離開土窟寺出外遊學，至少是二十五、六歲，也就是大約西元六六〇、六六一年以後的事。

義淨所謂的「東魏」和「西京」，「東魏」泛指現今山東、河北、山西包括太原以東、河南包含洛陽以東地區，「西京」則是指長安。若以「西京」對比「東魏」，則「東魏」可以理解為東都洛陽。長安和洛陽是歷朝歷代重要的文化、經濟、行政中心。隨著佛教傳入中國，此二地也成為佛典翻譯、佛教學術重鎮。

義淨遊學首站是洛陽，學習重心是放在「對法」和「攝論」。「對法」指的是阿毘達磨，或稱毘曇、阿毘曇；「攝論」則指《攝大乘論》。

阿毘達磨（abhidharma）原指有系統地歸納整理、分析解說佛陀所說經義、律法的論述形式。後來，「說一切有部」專弘阿毘曇，其創始者迦旃延尼子（Kātyāyani-putra）更造了《阿毘達磨發智論》（以下簡稱《發智論》），奠定說一切有部的中心思想。

晉太元八年（西元三八三年），罽賓僧人僧伽提婆（Sangha-deva）來到苻秦都城長安，譯出《發智論》，即三十卷本的《阿毘曇八犍度論》。「犍度」（Khandhaka）有「聚集」的意思；玄奘重新翻譯為二十卷本的《發智論》時，則以同樣含有聚集意涵的「蘊」字來翻譯「犍度」。

《阿毘曇八犍度論》將一切法歸納為八大類別，故名「八犍度」。所謂八犍度即是：

一、雜犍度：此犍度以世間第一法、智、人、愛、無慚愧、色、無義、思等八品，分別解說四善根、四聖果、有餘和無餘涅槃等法。

二、結使犍度：此犍度共四品，即不善、一行、人、十門，以此說明三結、五蓋等諸種煩惱、結縛。

三、智犍度：此犍度以八道、五種、知他心、修智、智相應五品，分別說明聖者所修道法及所證得的無漏智慧。

四、行犍度：此犍度以惡行、邪語、害眾生、有教無教、自行五品，解說十善行、十惡行、無表業等各種業行。

五、四大犍度：此犍度是說明四大諸法，共有淨根、緣、見諦、內造四品。

六、根犍度：此犍度以根、有、更樂、始心、始發心、魚子、緣七品，分別解說五根、六根等法。

七、定犍度：此犍度說明欲界、色界、無色界以及聲聞、緣覺所修的禪定，共有過去得、緣、解脫、阿那含、一行五品。

八、見犍度：此犍度以意止、欲、想、智時、見、偈六品，說明斷、常二見、六十二見等法。

除了《發智論》在中國翻譯、弘傳，其注釋書《大毘婆沙論》以及《大毘婆沙論》的綱要書《阿毘曇心論》、《雜阿毘曇心論》等論，也陸續傳入中國。南北朝至唐初，漢地毘曇學之風頗盛。

說一切有部除了奠定該部思想的《發智論》以外，尚有六部重要的論典，與《發智論》合稱「一身六足」。「一身」即為《發智論》，「六足」分別是：舍利弗造《阿毘達磨集異門足論》、大目乾連造《阿毘達磨法蘊足論》、提婆設摩造《阿毘達磨識身足論》、世友造《阿毘達磨品類足論》、世友造《阿毘達磨界身足論》、大目乾連造《阿毘達磨施設足論》。

玄奘歸國後除了重新翻譯《發智論》，也完整地譯出二百卷《大毘婆沙論》、塞建陀羅造《入阿毘達磨論》、法救造《五事毘婆沙論》、世親造《阿毘達磨俱舍論》、《阿毘達磨俱舍論本頌》、眾賢造《阿毘達磨順正理論》、《阿毘達磨藏顯宗論》等毘曇；此外，也譯出除了《阿毘達磨施設足論》以外的其他五部足論。不過，義淨在洛陽研習大小乘論時是否已接觸到玄奘所譯諸論則不得而知。

義淨在洛陽著重學習的另一部論書是《攝大乘論》。此論是印度瑜伽行唯識學派重要論師無著（Asanga）依《阿毘達磨大乘經・攝大乘品》所製，並由弟弟世親（Vasubandhu）撰述注釋書《攝大乘論釋》。本論以「十勝相」分為十品，即應知勝相、應知入勝相、入因果勝相、入因果修差別勝相、依戒學勝相、依慧學勝相、學果寂滅勝相、智差別勝相。以此十勝相條理闡述「阿賴耶識」與「依他起相」、「偏計所執」、「圓成實性」三性的關係，並以此統攝菩薩六度、十地、三學、無住涅槃、三種佛身等大乘要義。

《攝大乘論》在中國先後有三譯。最早是元魏佛陀扇多所譯，論典譯出後並未受到重視。之後，天竺僧人真諦於陳文帝天嘉四年（西元五六三年），在廣州制旨寺譯出本論三卷以及世親釋論十二卷。由於真諦及其弟子致力弘講此論，陳末至唐初間，中國《攝論》之學極盛，後世稱此學派為「攝論宗」。貞觀二十一年至二十三年（西元六四七至六四九年），玄奘先譯出無著本論三卷，之後又譯出世親和無性的釋論各十卷。

義淨在洛陽聽講毘曇論典和《攝論》之時，玄奘除了已重新譯出《發智論》、《大毘婆沙論》等毘曇學論典，也重譯了《攝大乘論》。不過，義淨所學者，是早期的譯本還是玄奘的新譯，亦或是兩者兼學，則無據可考。

當洛陽的學業告一段落後，義淨動身前往另一個學術重鎮長安。義淨在長安主要是研習《俱舍論》和唯識學說。

《俱舍論》（Abhidharma-kośa-bhāṣya）是世親參考法勝《阿毘曇心論》和法救《雜阿毘曇心論》的模式所造，內容含攝《大毘婆沙論》以及《阿毘達磨品類論》等六足論。《俱舍論》本頌共有界、根、世間、業、隨眠、賢聖、智、定八品，分別解說佛教根本教法，即苦、集、滅、道四聖諦。

〈界〉、〈根〉二品是總論四聖諦，內容包括五蘊、十二處、十八界、二十二根、六因、四緣等法。〈世間品〉是說明苦諦，藉由有情世間、器世間、三界、五道、十二緣起等法說明有情的生死流轉。〈業〉、〈隨眠〉二品是論述集諦，前者是各種業行的說明，後者則是解析六根本煩惱、十隨煩惱、八十八使等煩惱。〈賢聖品〉說的是滅諦，包括從凡夫到聖者的不同階位。〈智〉、〈定〉二品則是說明道諦；其中，〈智品〉說明十六智、十八不共法等名相，而〈定品〉則是解說四禪、四無色定、三解脫門、四無量心等禪法。《俱舍論》的釋論除了前述八品，末後還曾加了一品〈破我品〉。此品的內容主要是破斥犢子部「非即非離蘊我」的觀點，以及勝論外道的有我論。《俱舍論》得以在中國流行，亦有賴於真諦的翻譯和弘講。真諦所譯為二十二卷本《阿毘達磨俱舍釋論》，後來玄奘重譯為三十卷本的《阿毘達磨俱舍論》。

義淨大約是在西元六六〇年之後離開土窟寺出外參學。他先在洛陽停留數年學習毘曇論典、《攝大乘論》，等他來到長安時，很可能玄奘已經圓寂（西元六六四年）。

玄奘自西元六四五年返回大唐後，除了翻譯經論，更致力於弘揚唯識教義；義淨來到長安時，正是法相唯識學方興之際。這也表示說，義淨在長安所學的「唯識」，很可能是玄奘所翻譯、弘講的《瑜伽師地論》、《唯識二十論》、《大乘阿毘達磨集論》等唯識學論典。

據義淨在《大唐西域求法高僧傳》的自述，唐高宗咸亨元年（西元六七〇年），義淨還在西京長安聽講。不知不覺中，義淨離寺遊學已將近十年。這一年，他作了一個重大的決定：他要去印度！

第三章　渡海求法

> 初結誓同志數滿十人。洎乎汎舶，餘皆退罷，唯淨堅心轉熾，遂即孤行。備歷艱難，漸達印度。

義淨在洛陽和長安參學，除了佛法義理的學習，也增長不少見聞；神州佛教發展情勢，義淨也了然於心。

義淨受恩師慧智的諄諄教誡，立誓窮盡畢生之力嚴持戒法，就算是再微小的戒律，也懷著最大的警惕心，避免毀犯。因此，對於漢地佛教，義淨更為關心的是僧侶學律、持戒情況。

義淨受戒之時，中國已有《十誦律》、《摩訶僧祇律》、《四分律》在流傳。這些律典原本就是源自印度不同的部分，因此戒律的輕重、開遮都有所差異。然而，據義淨遊學多年的觀察，以及他學習戒律的經驗，他發現，中國僧侶持律並非單純只持某部律，而是多涉及其他律典。有關律典的注釋書不僅越來越多，律文的解釋也越說越仔細；原本簡單明瞭的律文，著述者卻花了極大心力解釋，更讓人覺得難以實踐。如此一來，志心不堅者都紛紛打了退堂鼓，有心學律者也必須花更多的時間去消化、理解。

目睹這樣的情況，義淨西行求法之志日益堅定；他希望能夠前往印度佛國，實地考察當地僧侶如何落實戒法。

辭師遠行

唐高宗咸亨元年（西元六七〇年），義淨終於下定決心將西行計畫付諸行動。正好，他在長安結識的弘褘等幾位法師也有意去印度瞻禮聖蹟，於是相約同往。原本還有一位處一法師同行，但是他還有一位年邁的母親在家鄉并州，心中有所牽掛，最終還是打消了遠行的念頭。

義淨雖然已作出決定，但他同樣有一位年老的長輩在，那就是他的慧智師父；此去路途遙遠，義淨擔心師父圓寂之時很可能無法隨侍在側。於是，義淨帶著弘禕等人先回一趟齊州土窟寺徵求師父的意見。

義淨向師父慧智請示：「師父，我想去印度，遊覽各地，增廣見聞，希望能有大的收穫和幫助。但師父您已年老，我有所顧慮，所以不敢私自決定。」

慧智回應道：「這是一個難得的機緣，必需抓緊；錯過了這次的時機，就不知道什麼時候時會再有。我們受到佛法的激勵，有什麼值得留戀的？我的責任已經完成，現在是你承擔延續佛法責任的時候。不要再有什麼顧慮了，立刻出發吧！我隨喜你能有機會瞻禮聖蹟。與盛佛教、弘揚佛法的事情至為重要，這是毫無異議的。」

義淨徵得師父的同意後，隨即準備告假離寺。義淨先向慧智頂禮告假，之後來到善遇墳前，向這位已經離開他二十餘年的師父告假。

義淨站在善遇的墳前環顧四周，只見半圍繞著墓地的樹林已添秋色，墳頭上也重新長滿了野草。義淨懷著恭敬之心，向善遇稟告遠涉印度的事；他希望此行所獲得的功德，能夠利益先師，以報答師父的教養恩德。

土窟寺的僧眾、護法居士得知義淨將要遠行，都紛紛隨各人的能力供養物資。義淨就這樣帶著家鄉僧俗的滿滿祝福，踏上西行之路。

選擇從海路赴印

義淨此前已與諸位道友商議好循海路前往印度。義淨年少發願西行，與熟知法顯和玄奘的求法事蹟有關。兩位先賢都為自己的見聞留下了文字記錄，義淨想必都已熟讀。義淨赴印的主要動機，是想要釐清戒學方面的疑惑，這方面與法顯是相同的，或許這也是為何義淨會選擇海路的緣故。

因為，法顯去程雖然走的是陸路，回程卻是經由海路。從法顯留下的西天遊歷見聞錄《法顯傳》可以知道，他從海路歸國的途中，曾到過師子國（今斯里蘭卡）、耶婆提國（今蘇門答臘／爪哇）等聲聞佛教盛行的國家。義淨很可能是受到法顯的啟發，才決定由海路前往印度，沿途遊歷各個佛教國家，考察當地僧侶的戒律行持情況。

有關唐代南海航路，《新唐書·卷四十三·地理志七下》有詳細的記載。此南海航線是從廣州出發，遠達今日的非洲東部坦尚尼亞的三蘭港。整段航路依主要的靠岸點，又可分為四段：

一、從廣州經中南半島、馬來半島到馬六甲海峽室利佛逝或訶陵國：

廣州東南海行，二百里至屯門山（今香港九龍半島西北岸一帶），乃帆風西行，二日至九州石（海南島東北之七洲列島）。又南二日至象石（海南島東南之大洲島）。又西南三日行，至占不勞山（今越南峴港東南的占婆島〔Champa〕）。山在環王國（即越南中部古國林邑）東二百里海中。又南二日行至陵山（今越南東南部歸仁〔Qui Nhon〕一帶）。又一日行，至門毒國（今越南富安省〔Phu Yen〕東岸）。又一日行，至古笪國（今越南芽莊〔Nha

Trang〕）。又半日行，至奔陀浪洲（今越南藩朗〔Phan Rang〕）。又兩日行，到軍突弄山（今越南崑崙島〔Con Son Island〕）。又五日行至海硤（馬六甲海峽〔Strait of Malacca〕），蕃人謂之「質」（馬來語 selat 的音譯），南北百里，北岸則羅越國（馬來半島南部），南岸則佛逝國（即室利佛逝〔Sri Vijaya〕，今印尼蘇門答臘島東部巨港〔Palembang〕）。佛逝國東水行四五日，至訶陵國（Kalinga，今印尼爪哇島〔Java〕），南中洲之最大者。

二、沿著馬六甲海峽往西北，經蘇門答臘島西北方婆露國、進入印度洋，繼續往西北經過婆國伽藍洲到師子國，再沿著印度海岸從南到西北提颶國：

又西出硤，三日至葛葛僧祇國（印尼蘇門答臘島東北之伯勞威斯群島〔Brouwers Islands〕），在佛逝西北隅之別島，國人多鈔暴，乘舶者畏憚之。其北岸則箇羅國（Kalah，又作哥羅，今馬來半島吉打州〔Kedah〕一帶），箇羅西則哥谷羅國（Kakula，馬來半島西岸）。又從葛葛僧祇四五日行，至勝鄧洲（印尼蘇門答臘島東北岸）。又西五日行，至婆露國（今印尼蘇門答臘西北之布勒韋島〔Breueh Island〕）。又六日，行至婆國伽藍洲（今尼科巴群島〔Nicobar Islands〕）。又北四日行，至師子國（今斯里蘭卡〔Sri Lanka〕）。其北海岸距南天竺大岸百里。又西四日行，經沒來國（Male，今印度西南奎隆〔Quilon〕），南天竺之最南境。又西北經十餘小國，至婆羅門（即印度）西境。又西北二日行，至拔颶國（Broaeh，印度西部）。又十日行，經天竺西境小國五，至提颶國（位於印度河出海口，今印度西北海岸第烏〔Diu〕）。其國有彌蘭大河（即印度河，「彌蘭」是此河阿拉伯語稱為Nahr Mihran的音譯），一曰新頭河，自北渤崑國來，西流至提颶國北，入於海。

三、從提颶國沿岸西行進入今日的波斯灣，從末羅國登陸，往西北陸行至縛達城：

又自提颶國西二十日行，經小國二十餘，至提羅盧和國（今伊朗西部阿巴丹〔Abadan〕），一曰羅和異國，國人於海中立華表，夜則置炬其上，使船人夜行不迷。又西一日行，至烏刺國（伊朗阿巴丹西北），乃大食國（阿拉伯帝國）之弗利剌河（幼發拉底河〔Euphrates〕），南入於海。小舟泝流，二日至末羅國（今伊拉克巴斯拉〔Basra〕），大食重鎮也。又西北陸行千里，至茂門王所都縛達城（今伊拉克巴格達〔Baghdad〕）。

四、從烏剌國沿著波斯灣西岸，經拔離謌磨難國等國到三蘭國：

自婆羅門南境，從沒來國至烏刺國，皆緣海東岸行。其西岸之西，皆大食國，其西最南謂之三蘭國（今坦尚尼亞的三蘭港〔Dar es Salaam〕）。自三蘭國正北二十日行，經小國十餘，至設國（今葉門的希赫爾〔ash-Shihr〕）。又十日行，經小國六七，至薩伊瞿和竭國（今阿拉伯半島東南岸）當海西岸。又西六七日行，經小國六七，至沒巽國（古代波斯語 Mezoen 的音譯，今阿曼的蘇哈爾〔Sohar〕）。又西北十日行，經小國十餘，至拔離謌磨難國（今波斯灣巴林島〔Bahrain Island〕）。又一日行，至烏剌國，與東岸路合。

法顯返程的路線大致上是前述第一和第二段到師子國的航線；後來乃是因

為氣候等因素，法顯才在青州長廣郡（今山東萊陽市）登岸。

雖然義淨參考法顯歸國的路線，決定走海路到印度；但是，古代的交通並不如今日般發達，能夠一張船票到達目的地，從出發點到目的地的途中，往往需要一個地點接一個地點轉乘不同的船隻。有時候，為了下一個接駁點的船隻，往往需要花數月的時間等待。

唐代重要的商埠從北到南分別有揚州、泉州、廣州等地市；其中，廣州是主要的通商口岸。

據《唐會要．卷六十六》所載，唐高宗於顯慶六年二月十六日頒敕：「南中有諸國船，宜令所司，每年四月以前預支應須市物。委本道長史，舶到十日內，依數交付價值市了。任百姓交易。其官市物，送少府監簡擇進內。」此項專門負責向外國商船收稅的官員稱為「市舶使」，當時只有廣州設有此職。可見，廣州來往外國商船較其他港口繁多，才會受到當局的重視。

不過，揚州離齊州最近。從義淨出國前在揚州結夏安居這件事來推測，義淨最初的計畫很可能是準備到揚州尋找船隻出海。

義淨一行人走走停停，一路無事地來到潤州江寧縣（今江蘇南京市內）。弘禕在江寧結識了修習淨土法門的玄瞻。兩人相見甚歡，彼此分享修行心得。弘禕對玄瞻所修淨土法門很感興趣，遂打消了西行的念頭，留下來修習淨土。在此之前，處一就因為放心不下老母親而止步於長安；如今又少了一員，義淨只得與其餘幾位法師啟程去揚州。

義淨領著人數越來越少的隊伍繼續行程。眾人隨之來到丹陽縣（今江蘇鎮江域內），遇到了玄逵。

玄逵俗姓胡，年約二十五、六歲，出身自潤州江寧名望很高的世族。胡氏家族崇信佛教，敬奉三寶，玄逵因而在孩童時期就有因緣出家為僧。玄逵年滿二十受比丘戒後，即將律典研習得通透。玄逵持戒嚴峻，為了一絲不苟地行持戒法，他甚至按照佛陀時代沙門比丘的衣著形式來製作、穿著袈裟；此外，玄逵也奉行只蓄三衣、長坐不臥、常行乞食、無論貧富皆分別乞食等頭陀行。

義淨與這位持戒嚴謹的年輕僧人一見如故，兩人無論是行為或觀念上都相當契合。當玄逵知道義淨正準備去遊歷天竺佛國，隨即也加入了義淨的西行隊伍。

義淨等人抵達揚州的時候已是咸亨二年（西元六七一年）初夏，快到夏安居的日子。於是，義淨決定先找個道場坐夏。

咸亨二年秋，結夏安居結束。義淨遇到龔州（今廣西平南一帶）郡守馮孝詮。義淨應該是從馮孝詮口中得知，廣州才是南海航路的主要港口，能夠尋得可以搭乘的商船機會較大；因此，義淨才會改變在揚州出海的主要，改道廣州。

到了廣州後，在馮郡守的協助下，義淨與一艘要到室利佛逝的波斯商船船主商議好隨船出海。

原以為萬事皆備，只待船期；玄逵卻因為染上風疾，無法遠航，最終只能抱憾返回丹陽。

義淨相當不捨和無奈，他寫了首五言律詩來表達此刻的心情：

標心之梵宇，運想入仙洲；嬰痼乖同好，沉情阻若抽。

葉落乍難聚，情離不可收；何日乘杯至，詳觀演法流。

送走玄逵後，馮郡守算一算時間，發現距離上船的日子還有些時日，於是邀請義淨去他的家鄉岡州（今廣東江門一帶）。

義淨在岡州逗留了一段時間，直到船期將至，他向馮郡守告別，準備返回廣州。離行前，馮郡守和他的弟弟孝誕、孝軫，以及弟媳寧氏、彭氏等人，紛紛供養財資、食物等作為義淨旅途之用。

雖然一切出航事宜都已經準備妥當，但義淨的心情有些沉重。他回想起這一路走來，原本約好同行的舊雨新知，都因為各種原因而未能成行；如今，他身邊就只剩下自己的徒弟善行。同道的離散再加上前途茫茫未知，義淨心中不禁躊躇了起來。於是，他著了兩首五言絕句以抒心懷：

我行之數萬，愁緒百重思；那教六尺影，獨步五天陲。

上將可凌師，疋士志難移；如論惜短命，何得滿長祇。

不過，這起伏的心情只是一時，並未真的影響義淨西行的決心。咸亨二年十一月，三十七歲的義淨帶著弟子善行，搭上波斯商船，揚帆出海，晃晃悠悠、搖搖蕩蕩，開往陌生未知的前方。

初抵室利佛逝

航海遠行雖然比起陸路而言較為節省體力，在航行途中可能會遇到的風險卻不見得比陸行來得安全。

航海最怕的就是遇到惡劣的氣候。幸好，義淨所搭乘的波斯商船除了遭到過滔天巨浪的沖擊，整個航程還算順利。船舶順著信風一路南下，不到二十天就抵達室利佛逝。此時大約是咸亨二年十二月左右。

室利佛逝於七世紀中葉滅干陀利國（Kandari）而建國。室利佛逝是進入馬六甲海峽之前的一個重要港口，藉由地理之便發展成繁華的貿易都市。

義淨來到室利佛逝後，就與弟子善行四處參訪遊歷。他發現，佛教在這個國家還算興盛，出家僧人約有千餘人，而且大多是學識豐富之人。此地法俗所誦習的經論皆源自印度，僧侶行持的律儀也與印度無異，且大多數仍遵循著托鉢乞食的佛制。

經過一番考察，義淨認為室利佛逝很適合漢地求法僧人前往印度之前停留學習的地方。畢竟，大唐佛教僧團的生活方式以及戒律行持的情況，與印度佛教差異不小；若能先逗留在室利佛逝一、兩年學習印度僧團的儀軌和生活方式，相信抵達印度後很快就能適應、融入當地的生活。此外，室利佛逝以印度梵文為國文；若能在此地加強語文能力，對於到印度求法會有很大的助益。

義淨本身為了學習印度聲明學，決定在室利佛逝停留一段時間。雖然義淨安下心來學習聲明，他的弟子善行卻不太適應當地的生活，開始懷念故土。後來，可能是因為水土不服的關係，善行的身體越來越弱，生病後始終無法痊癒，義淨只好讓善行回大唐休養。

義淨在室利佛逝停留了大約半年的時間，就在國王的護送下離開室利佛逝，前往下一個中轉地末羅瑜國。

據《新唐書．卷二百二十二．列傳一百四十七下．南蠻下》所載，於咸亨至開元年間在位的室利佛逝王曷蜜多曾多次派遣使者向大唐進貢，大唐皇帝冊封曷蜜多王為左威衛大將軍，並賜紫袍、金細帶。後來，曷蜜多王派遣他的兒子入唐獻貢，皇帝命宰相於韶州曲江（今廣東韶關市內轄區）設宴款待，並下詔冊封室利佛逝王子為賓義王，授右金吾衛大將軍。

又據《大唐西域求法高僧傳．卷下．無行傳》所載：「東風汎舶一月到室利佛逝國。國王厚禮特異常倫，布金華，散金粟，四事供養，五對呈心。見從大唐天子處來倍加欽上。」「無行」是與義淨同時期前往印度求法的僧人。室利佛逝與大唐的關係良好，凡是由大唐前來室利佛逝的人，都受到國王的厚待。

義淨能獲得曷蜜多王親自接待，並賜贈旅途所需物資，以及安排船隻送往末羅瑜國，除了是因為國王崇信佛教以外，也是因為義淨來自大唐的關係。

途中經末羅瑜、羯荼、裸人等國

從室利佛逝出發，航行數日，抵達末羅瑜國（Melayu）。末羅瑜國是位於東南亞印度化古國之一，故址位於現今印尼蘇門答臘島占碑市（Bandaraya Jambi）。義淨回程經過此地時，末羅瑜國已被室利佛逝吞併。

義淨在末羅瑜國停留兩個月，大約在咸亨三年（西元六七二年）十月，義淨轉向羯荼國（Kaccha，今馬來半島吉打一帶）。羯荼國是受印度文化影響頗深的馬來半島古國，曾經先後盛行佛教和印度教。義淨返程時，此國也已歸入室利佛逝的版圖。

義淨並未在羯荼駐留太久；同年十二月，他就乘王船往北行進。航行十餘日，王船經過裸人國。

裸人國又稱為裸國（一說是今日的尼科巴群島〔Nicobar Islands〕，一說為現今的安達曼群島〔Andaman Islands〕）。此國人民身量中等，膚色不黑，男性皆未著寸縷，女性則僅以片葉遮身。

這次義淨所搭乘的王船並未靠岸，只是沿著海岸一、二里遠航行。據義淨的憶述，從船上往岸邊看去，只見長滿著椰子、檳榔等植物。岸上居民見有船隻駛近，紛紛搖著各自的小艇，載著椰子、芭蕉，以及他們自己編織的藤箱、竹器等物品來賣；放眼望去，那些小艇竟然有百隻之多。

因為裸國並沒有鐵礦，金銀等金屬也只有少量，因此將鐵視為最珍貴的東西。裸國百姓載著貨品前來，是想要以此換鐵，兩指大的鐵就能換取五到十顆椰子。船中有商人見裸國人赤身露體，開玩笑地想給他們衣服，裸國人隨即搖手表示不用。

義淨聽到過此地的商人說，裸國人很野蠻，會強迫交易；如果不與之交易，他們便會放箭射人；箭頭沾有劇毒，一旦中箭就無生還的機會。

離開裸人國後，王船繼續向西北行進半月，抵達耽摩立底國。

遇大乘燈，學習聲論

咸亨四年（西元六七三年）二月八日，義淨走走停停一年多的時間，終於來到印度東北部的耽摩立底國（今印度西孟加拉塔姆盧克〔Tamluk〕恆河出口處一帶）。此國於法顯赴印時即已存在，《法顯傳》稱之為「多摩梨帝」。

耽摩立底是印度東部重要的港口，外國商人往來貿易，使得此地發展為富庶的商埠。據義淨的估算，耽摩立底距離菩提伽耶約七十驛。「驛」是指驛站，在古代主要是作為郵遞之用。唐代時，官道上每隔大約三十里會設一處驛站。若以三十里一驛計，七十驛就是兩千一百里，距離並不近。

義淨在耽摩立底國遇到漢僧大乘燈。大乘燈原籍愛州（今越南清化〔Thanh

Hoa〕一帶），幼時隨父母乘船南下到杜和羅鉢底國（今泰國昭披耶河〔Chao Phraya River〕下游一帶），並在該處出家。後隨唐使郯緒入京，於玄奘座下受具足戒，受戒後便留在長安學法。顯慶年間從海路到師子國，然後再乘船北上到達耽摩立底國。剛到恆河口，大乘燈所乘船舶就遭海賊破壞；雖然所有東西都丟失了，幸好人沒事。

義淨與大乘燈相遇時，大乘燈已在耽摩立底國停留十二年了。經大乘燈的協助下，義淨留在耽摩立底國停留一年多學習梵語和聲論等。

往那爛陀，途中遇險

咸亨五年（西元六七四年）五月，義淨和大乘燈隨著數百人的大商隊，往佛陀的成道地菩提伽耶（Bodh-gayā）和那爛陀寺（Nālandā vihāra）所在的方向西進。義淨所加入的隊伍，除了他和大乘燈以外，還有準備回那爛陀寺的僧人二十餘人。

義淨到印度之時，由戒日王所建立的曷利沙王朝（西元六〇六至六四七年）已隨著戒日王的去世而瓦解，北印度再次分裂成大大小小的政權，各地情勢混亂，是故旅人多結伴同行。

行程途中必須翻過大山川澤。這一段路艱險異常，必須藉著多人互相協助才能通過，如若孤身一人是很難行進的。不幸的是，義淨行到此處時，因患病而身體虛弱，無法跟著大隊的速度繼續前進，而此處又沒有適合的地方安營休息；義淨只得將重要的行李托付給大乘燈，約好在前方的村落會合，然後與眾人暫別。

義淨拖著病弱的身軀，孤身一人艱難地翻越險隘。倒楣的他，當天黃昏又遭遇山賊攔劫；因義淨身上的財物都交給大乘燈帶走，山賊見沒有甚麼收獲，就將義淨身上的衣物扒得一乾二淨。當下義淨心想，自己將命喪於此，無法達成來印度的目的了；結果，賊人並未傷害義淨的性命，只拿了衣物就走了。

賊人走後，義淨看著自己裸露的皮膚，突然想起曾經聽說過，印度本土流行某種信仰，會以皮膚白淨之人殺來祭天。想到這裡，義淨不覺難過起來。該怎麼辦呢？義淨只得跳到泥坑裡，讓身體塗遍泥汙以遮蓋原來的膚色，又用樹葉來遮蔽身體以免裸露。然後拄著木棍，徐徐行進。

義淨就這樣像個野人般在山林裡徒步行走了兩天；忽然，他遠遠地聽見大乘燈在喊他的名字。原來，義淨已來到和大乘燈約好會合的村落。義淨不想以如此不堪的形貌入村，便請大乘燈拿一套衣服給他；他在村外的水池洗淨身體，換上衣服才入村。

義淨等人在村中休整好後就繼續出發。數日後，終於抵達那爛陀寺。

印度最高佛教學府那爛陀寺

那爛陀寺（Nālandā vihāra）位於今日的印度比哈爾邦巴特那（Patna）。

據玄奘《大唐西域記》所載，那爛陀寺是摩揭陀王鑠迦羅阿迭多（梵語Śakrāditya，漢譯「帝日」）所建。鑠迦羅阿迭多即笈多王朝第四代君王鳩摩羅笈多一世（西元四一五至四五五年在位）。

鑠迦羅阿迭多之後的繼任者佛陀毱多王（梵語Buddhagupta，漢譯「覺護」）在寺南增建寺院，呾他揭多毱多王（梵語Tathāgatagupta，漢譯「如來」）在東邊又建了一寺，婆羅阿迭多王（漢譯「幼日」）則在東北邊擴建寺院，而後伐闍羅王（漢譯「金剛」）又在西邊建寺。之後，又有中印度王在那爛陀寺的北邊建一座規模宏大的寺院。

歷代君王不僅建寺，還賜予食邑以維持那爛陀寺的開銷。義淨到那爛陀寺的時候，作為寺院食邑的村莊已多達兩百零一處，包括村莊的人力和物力，都供那爛陀寺使役、取用。

那爛陀寺位於菩提伽耶大覺寺東北方約兩百一十里。義淨解釋寺名來源時提到：「此是室利那爛陀莫訶毘訶羅（Śrī-nālanda-mahāvihāra）樣，唐譯云『吉祥神龍大住處』也。西國凡喚君王及大官屬并大寺舍，皆先云『室利』，意取吉祥、尊貴之義。『那爛陀』乃是龍名，近此有龍名『那伽爛陀』（Nāgalanda），故以為號。『毘訶羅』是住處義，此云寺者不是正翻。」

義淨在《大唐西域求法高僧傳》、《南海寄歸內法傳》裡，對那爛陀寺的規模、格局、建築風格等作了詳細的介紹。據義淨的描述，那爛陀寺並不是獨立的一座寺院，而是寺院群。

那爛陀寺主要的大型寺院共有八座。每座寺院形狀方正，長寬約唐朝度量一百五十尺。寺高三層，每一層高約一丈有餘，都是用磚建成。寺院房頂並沒有椽瓦，而是磚砌的平面，室內天花板則是以木板鋪成。樓梯設在寺院的背面，供上下樓層。寺中遍布長廊，供寺眾穿梭各棟建築之間。

寺院的東邊會有一到三間房舍是作為佛殿之用，或有寺院會在東面的空地上另起臺觀作為佛殿。

寺院四面圍有高約三、四丈的磚牆，圍牆形勢陡峭，牆上設有一人高的雕飾。寺內四角建有磚堂，供長老大德居住，其餘寺僧則是住在僧房。僧房是沿著寺院的四面外牆而建，每面共有九間僧房，每間僧房長寬約丈餘。僧房後牆靠近房頂的地方開一扇窗，房舍的正面則有高門，門上不允許安裝門簾；從門外往裡看，房內的清況可以一清二楚，如此方便寺僧彼此監察。僧舍自成一個院落，在院子的角落有廊道通往外面。

那爛陀寺遵循佛制，於每年結夏安居前重新分配僧房；分配的方式是按照戒臘高低和房間的優劣，戒臘高者皆得好房，以此類推。每年重新分配宿舍的作法是為了避免，寺僧在一間房間住久了，會有一種房間是自己的錯覺，如此徒增我執，每年換一處有助於破除我執。此外，僧房每年換不同的人住，可以達到維護房間完好的效果；畢竟，每個人的生活習慣不同，有的人生活習慣不太好，難免會減損房間的壽命。

那爛陀寺住有寺僧三千餘人。為了方便寺眾洗浴，那爛陀寺外圍共挖有十幾座大水池。每天清晨洗浴的時候一到，寺內就會響起犍椎聲；這時候，各人就會帶著浴裙，分散到各個水池洗澡。至於報時的方式，那爛陀寺是採漏壺來計時，壺中盛水，水漏計時。

那爛陀寺八座主寺的大門都是面西而開，門上飛閣凌虛，雕飾奇特精妙，門雖不大卻相當堅固。大門可以連通僧房；為了防私，每到用餐時候就會關閉。

各處寺院的地面、屋頂、房檐上都覆有特殊的材料：先是用桃棗大小的碎磚和以黏土，再以杵搗平；然後再將浸泡多日的石灰、麻筋、麻滓、爛皮、油等混雜材料，塗在已經杵好的碎磚黏土上。之後，用青草蓋在塗料上靜置數日；等到塗料快要乾時，以滑石打磨平滑，再塗上紅土汁或丹砂汁，最後再抹上油脂。如此一來，屋頂等平面就會像鏡子般光滑明亮。其他殿堂的階梯也是照此作法。經過這樣處理的地面和階梯，任人踐踏一、二十年也不會陷塌，不會像石灰水那樣一沾就脫。

在那爛陀寺最西面的大寺外，建有數百嚴飾華麗的窣堵波（梵語 stūpa，謂供有舍利之塔）和制底（梵語 caitya，謂無舍利之塔）。寺門南邊約一百尺的地方有一座窣堵波，高百餘尺，是世尊往著安居三月所在之處。此處梵語名為慕攞健陀俱胝（Mūlagandhakuṭī），唐云「根本香殿」。義淨剛到那爛陀寺時就先到此處朝禮。

在那爛陀的西面建有戒壇。戒壇形狀方正，長寬丈餘，是由四面高二尺的磚牆圍成。牆內設有五寸高的坐基，坐基中間有一座小制底。戒壇東邊對角的地方，有磚塊砌成的佛陀經行之道。道徑的表面以石灰繪有十四、五朵盛開的蓮花，表示佛的足跡。

那爛陀寺設有各項僧職。寺院最高的負責人稱為尊主，而不是中國所譯的寺主。在印度，寺主是指建出錢建造寺院的人。那爛陀寺的尊主是由戒臘最高的上座擔任，不論其德，負有掌管全寺鑰匙之責。每晚大門上鎖後，都會將鑰匙交還給尊主。

另外，寺中還設有護寺，負責巡查門戶和僧白事務。凡遇到需要大眾決定的事情，並不會召集大家商議裁決，而是於集會時由護寺到每一個人面前，說明要決定的事；只要有一人不同意，事情就不會通過。不過，還是可以試著以理說服對方，而不會強勢逼迫對方同意。每半月誦戒之時，也是由負責此事者巡房讀制。巡房讀制者手上會有僧眾的名字；若是王族，名字上也不會標示王籍。因此，凡有毀犯戒法者，都會平等處罰，不會因為身分而有差別待遇。

義淨很喜歡那爛陀寺的建築格局，所以他將那爛陀寺畫了下來。此畫後來附在《南海寄歸內法傳》中，可惜今已佚失。

遇大唐諸僧

義淨在那爛陀留學期間，遇到了玄照、佛陀達摩、慧輪、無行這幾位來自大唐的僧人。

玄照是泰州人，幼年出家，成年後立志前往印度瞻禮聖跡。貞觀年間，為了作好西行的準備，玄照在聽習經論之餘，也到興善寺學習梵語。玄照從陸路赴印，他越過沙漠，出鐵門關，翻越雪山，途經速利（今中亞吉爾吉斯的托克馬克〔Tokmok〕至烏茲別克的沙赫里薩布茲〔Shahrisabz〕一帶）、覩貨羅（梵語Tukhāra，又稱吐火羅，位於今日興都庫什山〔Hindu Kush〕和阿姆河〔Amu River〕上游之間的中亞古國）等西域各國，輾轉來到吐蕃國（今西藏）。後蒙文成公主送往北印度，抵達闍闌陀國（梵語Jālandhara，今印度西北部旁遮普的賈朗達爾〔Jalandhar〕一帶）。玄照蒙國王欽重，留之供養。於是在闍闌陀國學習經、律和梵文。

四年後，玄照一路南下到摩訶菩提寺，在此寺住了四年。後又到那爛陀寺留住三年，期間就勝光（梵語Jinaprabha）學《中論》、《百論》等。又向寶師子（梵語Ratnasiṃha）學習《瑜伽十七地》。離開那爛陀寺後，又轉往恆河北方的菴摩羅跋國（Kāmarūpa，《大唐西域記》作「迦摩縷波國」，疆域包括今日的印度阿薩姆邦、北方邦等處），接受國王苫部的供養。三年間住過信者等寺。

後來因為唐使王玄策歸國，表高宗李治奏言玄照之德，皇帝遂降勅召玄照回京。麟德元年（西元六六四年）九月，玄照辭別苫部王，經泥波羅、西藏北返，麟德二年正月，平安抵達東都洛陽。這是玄照第一次赴印。

麟德二年中，高宗駕臨洛陽，玄照獲召面聖。高宗聽聞羯濕彌羅國（Kaśmīra，今克什米爾）有長年婆羅門盧迦溢多懂得配製延年益壽的長年藥，故命玄照前往羯濕彌羅國尋找此人。玄照原本準備在洛陽與諸僧論述佛法綱紀，並協同敬愛寺導律師、觀法師等人翻譯《薩婆多部律攝》；如今因為皇帝的敕命，只得作罷。玄照將他帶回大唐的梵本典籍悉數留在洛陽，就與侍者慧輪等人再次啟程前往印度。

此行玄照同樣是走陸路，途中兩次遭到賊寇攔劫，幸得保命。當抵達北印度後，與唐使所引的盧迦溢多相遇。盧迦溢多讓玄照和他的隨從數人往西印度羅荼國（今印度西部古加拉特邦〔Gujarat〕一帶）尋找長年藥。玄照一路行經縛渴羅國（Bactra，今阿富汗巴爾赫〔Balkh〕境內）、迦畢試國（梵語 Kāpiśa，今阿富汗喀布爾〔Kabul〕境內）、信度國（梵語 Sindhu，今巴基斯坦印度河中下游一帶），沿途朝禮佛陀聖跡，最終抵達羅荼國。玄照受到羅荼國王的禮敬，遂停留該國四年，並結識了唐僧窺沖。

然而，玄照此次赴印身受皇命，他必須將尋得的藥材帶回大唐。於是，玄照與窺沖等人離開西印度前往中天竺。

玄照再訪那爛陀寺時與義淨相遇。玄照本打算經泥波羅、吐蕃回唐；然而，當時大唐與吐蕃的關係惡化，道路不通；而取道迦畢試的路線，多已落入信奉伊斯蘭教的大食國勢力，佛教僧人恐會遭到捉捕。玄照無奈，只得繼續留在印度。後在中印度菴摩羅跋國遇疾而亡，春秋六十餘。

佛陀達摩原是覩貨速利國人（《大唐西域求法高僧傳．序》作「覩貨羅佛陀達摩師」，覩貨羅與剌利分屬兩地，故而學者王邦維懷疑「覩貨速利國人」有誤），後到大唐益州（地域含括今日的四川盆地和漢中盆地）出家。佛陀達摩喜歡到處遊歷，先是遊歷大唐全國各州，後又到印度參訪聖蹟。與義淨在那爛陀寺相遇時已五十多歲，後來離開那爛陀寺轉往北天竺。

慧輪是新羅人，在本國出家，後乘船到福建，徒步至長安。玄照奉旨再度西行時，慧輪奉敕擔任玄照的侍者。玄照與義淨在那爛陀寺相遇時，慧輪仍隨侍在側。後來，他跟著玄照到恆河北邊菴摩羅跛國的信者寺，玄照在此往生，慧輪則繼續留在信者寺住了十年。之後，慧輪轉往東邊的北方覩貨羅僧寺健陀羅山茶。此寺是覩貨羅人專門為其本國僧人建造，北方僧人到這裡多居住在此寺。後來義淨就沒有他的消息了。

無行是荊州江陵人。依止三論宗慧英為和尚出家，出家後潛心般若之學，志心習禪。受具足戒後，研習南山律宗道宣之法，並誦習《法華經》。後又遊歷九江、衡岳、嵩岳等地參學習法。之後與智弘為伴，泛海西遊。歷時一月到室利佛逝國，受到國王禮遇厚待。後乘王船經十五日到達末羅瑜國，又十五日到羯茶。至冬末，轉向西行，經三十日到那伽鉢亶那（梵語 **Nāgapatana**，今南印度泰米爾納德邦港口城市納加帕蒂南〔Nagapattinam〕）。從此泛海二日到師子國，朝禮佛牙。從師子洲復東北泛舶，經一月到訶利雞羅國（東印度古國，具體位置不詳，一說在恆河三角洲，也有認為在緬甸若開邦〔Rakhine State〕），並在此國停住一年。之後繼續行程來到菩提伽耶大覺寺。隨後又到那爛陀。

義淨和無行在那爛陀寺相遇時，智弘已不在那爛陀寺，而是與道琳結伴去往他處，後來，無行也和義淨一起前往羝羅荼寺參學。無行曾譯出《阿笈摩經》三卷，此經是講述如來涅槃之事，出自一切有部律中的記載，後來托人帶回大唐。

義淨在那爛陀寺遇到的大唐諸僧中，與無行的關係最好。無行學成後，準備取道北印度經陸路回大唐，義淨親自相送一百八十餘里，各懷生別之恨，都希望有一天能夠再相見。遺憾的是，無行到了北印度就不幸身亡，時年五十六歲。

義淨在那爛陀寺曾依寺中善於瑜伽行派學說的寶師子學習瑜伽論典。留學期間，義淨也曾到與無行一同到那爛陀寺西邊的羝羅荼寺向智月學習，又去過東方隨地婆羯囉蜜呾囉學習，並向南方的呾他揭多揭婆求法。

除了習法，義淨在留學期間也會四處遊歷朝禮佛陀聖蹟。他剛到那爛陀寺不久，就找時間前往靈鷲山朝拜。義淨是與無行結伴同往靈鷲山。義淨朝禮之時，一時感觸，作了一首雜言：

觀化祇山頂，流睇古王城。萬載池猶潔，千年苑尚清。髣髴影堅路，摧殘廣脇。七寶仙臺亡舊跡，四彩天華絕雨聲。聲華日以遠，自恨生何晚！既傷火宅眩中門，還嗟寶渚迷長坂。步陟平郊望，心遊七海上。擾擾三界溺邪津，渾渾萬品亡真匠。唯有能仁獨圓悟，廓塵靜浪開玄路。創逢飢命棄身城，更為求人崩意樹。持囊畢契戒珠淨，被甲要心忍衣固。三祇不倦陵二車，一足忘勞超九數。定瀲江清沐久結，智釖（刃）霜凝斬新霧。無邊大劫無不修，六時愍生遵六度。度有流光功德收，金河示滅歸常住。鷄林權唱演功周，聖德佳音傳餘響。龍宮祕典海中探，石室真言山處仰。流教在茲辰，傳芳代有人。沙河雪嶺迷朝徑，巨海鴻崖亂夜津。入萬死，求一生，投針偶穴非同喻，束馬懸車豈等程。不徇今身樂，無祈後代榮。誓捨危軀追勝義，咸希畢契傳燈情。勞歌勿復陳，延眺且周巡。東睇女巒留二跡，西馳鹿苑去三輪。北睨舍城池尚在，南睎尊嶺穴猶存。五峯秀，百池分，粲粲鮮華明四曜，輝輝道樹鏡三春。揚錫指山阿，携步上祇陀。既睹如來疊衣石，復觀天授迸餘峨。佇靈鎮梵嶽，凝思遍生河。金華逸掌儀前奉，芳蓋陵虛殿後過。旋繞經行砌，目想如神契。廻斯少福潤津梁，共會龍華捨塵翳。

義淨常以詩歌抒發所感。上述長詩並非他在印度因遊歷有感而寫的詩，他另有一首藉由感懷王舍城抒發思鄉之情的一三五七九言詩：

遊，愁！赤縣遠，丹思抽。鷲嶺寒風駛，龍河激水流。既喜朝聞日復日，不覺頹年秋更秋。已畢耆山本願誠難遇，終望持經振錫往神州。

義淨也曾到菩提伽耶大覺寺參拜。大覺寺是紀念佛陀於菩提樹下金剛座成道而建。金剛座處建有正覺大塔，塔內供奉著釋迦牟尼佛的等身金像。義淨將山東供養他的絹布製成袈裟，並親自將袈裟披到佛像上。另外，濮州玄律師曾托付義淨綾羅製成的數萬件寶蓋，義淨也悉數奉上。曹州僧人安道請託義淨代為禮拜佛陀金像，義淨也為他禮畢。

義淨除了瞻禮靈鷲山和佛成道地正覺大塔金剛座，還去了佛陀出生地藍毗尼、佛陀初轉法輪處鹿野苑、毘舍離、祇園、拘尸那羅佛陀涅槃處等佛教聖地。

除了佛教聖地，義淨還參訪了一些寺院。例如，位於大覺寺西方的迦畢試國寺。此寺名為窶拏折里多，唐云「德行」，是小乘道場；寺院相當豐裕，住有不少大德僧人，北方僧人來此處多住此寺。

大覺寺東方約六十里處，有寺名為屈錄迦，是早期南方屈錄迦國國王所造。如今寺院雖然貧困，寺僧卻戒行清淨、嚴謹。當時，有日軍王在寺院旁邊建了一座新的寺院，義淨參訪時才剛建好不久，南方僧人來此地多住此寺。

義淨參訪了特地為南、北方僧人而建的寺院後，非常感慨。因為，南、北方僧人來到印度都有本國寺院可以安住，而大唐僧人卻因為在印度沒有專門為漢僧而建的寺院，日子過得相當艱苦。

其實，早期是有唐僧專屬的寺院。那爛陀寺東方約一千兩百多里處，沿著恆河而下，可以到達蜜栗伽悉他鉢娜寺，唐云鹿園寺。離此寺不遠有一寺院遺址，通稱支那寺，相傳是笈多王朝開創者旃陀羅笈多一世的祖父室利笈多王，專門為漢地僧人所建。

當時寺中住有唐僧二十餘人，是從陸路經蜀川牂柯道前往印度，目的是為了到印度大覺寺朝拜。室利笈多王見眾僧為了朝聖千里而來，相當敬佩，於是布施此地供眾僧停駐之處，同時供養大村二十四所作為食邑。後來漢僧相繼亡故，周邊的村落將寺地分割為己有。

義淨去參訪遺址時，發現鹿園寺故址已有三個村落佔聚。如今，鹿園寺故址屬東印度王版域之內，其王名為提婆跋摩，曾言：「如果有大唐僧人數位來此，我將為他們重興此寺，並且歸還所有食邑，讓寺院能夠維持不絕。」義淨聽說此事，也很讚歎。

義淨在那爛陀寺住了十年。這十年間，他除了學習和出外遊歷參學，也嘗試翻譯了《根本說一切有部毗奈耶頌》和《一百五十讚佛頌》。可見當時義淨已考慮到回到大唐翻譯佛經的事。

垂拱元年（西元六八五年），經過十年的學習，義淨覺得，自己是時候回國了。

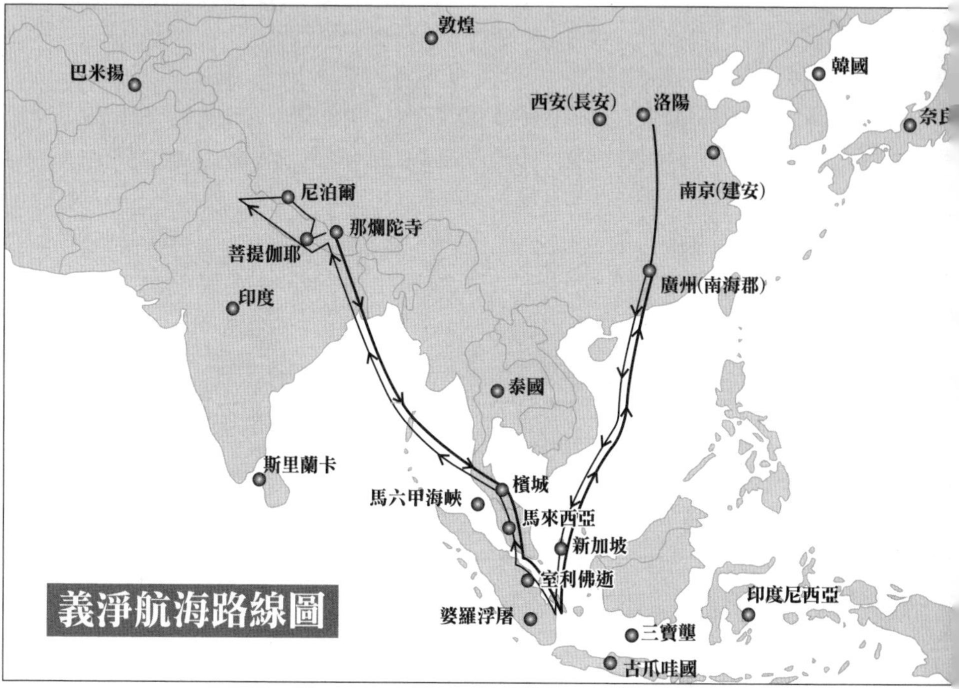
敦煌
巴米揚
韓國
西安(長安)
洛陽
奈良
南京(建安)
尼泊爾
那爛陀寺
菩提伽耶
廣州(南海郡)
印度
泰國
斯里蘭卡
檳城
馬六甲海峽
馬來西亞
新加坡
室利佛逝
印度尼西亞
婆羅浮屠
三寶壟
古爪哇國
義淨航海路線圖

第四章　歸國譯經

凡所歷遊三十餘國，往來問道出二十年。以天后證聖之元乙未仲夏，還至河洛。……天后敬法重人，親迎於上東門外。

自咸亨二年十月從廣州揚帆出海，到垂拱元年在印度完成求法的目的，義淨已離開故土十四年。如今，他已年過半百，古人能活到七十歲就算高壽了。義淨希望，在有生之年能夠將自己在印度所學、所見、所聞，回饋神州佛教，如此才不枉歷經艱險西行求法。

循原路泛海回唐

義淨回程仍選擇了海行。他到耽摩立底搭船，從原路還返大唐。耽摩立底離那爛陀不近，而且路上並不太平。當初義淨在來那爛陀的路上，就因為患病暫時脫離了隨團的商隊，獨自一人趕路，結果遭到山賊搶劫，身上連腰帶也沒剩一條。

義淨的遊歷記錄並未提到他是否像來時那般，跟著商隊一起走。不過，除非是有迫不得已的原因，否則在一般的情況下，古人遠行鮮少會冒險孤身上路，更何況義淨有過可怕的經歷。因此，義淨應該是選擇結伴而行。

在安排好一切事務後，義淨就帶著仿造金剛座等身像的佛像、舍利三百顆、四百部共五十餘萬頌的梵本經、律、論三藏，離開居住了十年的那爛陀寺，踏上歸途。

很不幸地，義淨往耽摩立底途中又遇到山賊。義淨對這次的遭遇並未描述太多細節，只提到人沒事，也沒受傷。不過，從義淨順利帶回佛典、舍利、佛像等聖物來看，或許同行者成功擊退了山賊，最終有驚無險地抵達耽摩立底。

垂拱元年冬，義淨登上開往羯荼的商船。隔年二月，船舶往東南航行兩個月才到達羯荼。世事多變，義淨前往印度時，羯荼還是獨立的國家；十餘年後再次踏足此地，羯荼卻已經收歸室利佛逝的版圖。

義淨在羯荼遇到一位來自西域的胡人。他從胡人的口中得知，當初與義淨的好友無行一同前往印度的智弘，與另一位求法僧道琳，循陸路從印度北方經西域回大唐；兩人抵達西域時，聽聞路上盜賊猖獗，於是決定折返北印度。後來，義淨就沒有他們的消息了。

垂拱二年（西元六八六年）冬，義淨離開羯荼。次年二月，經過一個多月的航行，抵達末羅瑜。如今，末羅瑜也已經是室利佛逝的疆域。

義淨返程海行並不順風，每到一個中轉地所需的航行時間，都比來時多一、兩倍。

從末羅瑜乘船回廣州，約一個多月就可以到達。不過，義淨並不打算從末羅瑜回國，而是在當地停留了三個月，五月中旬乘船去往來時曾經到過的室利佛逝。

停留室利佛逝著述、譯經

義淨第一次停留室利佛逝是在前往印度的途中。他當時留下來的目的是為了學習印度聲明，打好語言基礎，為前往印度求法作準備。

義淨此次在回國中途又再停留室利佛逝，主要是為了向釋迦雞栗底（梵語 Śākyakīrti，漢譯「釋迦稱」）學法；釋迦雞栗底造《手杖論》，此是以瑜伽行唯識學派的種子說破斥新生論。義淨後來將此論帶回大唐並翻譯成漢語。

義淨在室利佛逝居留期間，曾在一次偶然的因緣下，意外回到廣州。那是永昌元年（西元六八九年）夏天，義淨駐錫室利佛逝已兩年有餘，當時正準備著手翻譯自己帶回來的五十餘萬頌三藏典籍。但是，翻譯並不是一件簡單的事；綜觀各朝譯經大德的譯經事蹟，他們在翻譯的時候都有助手從旁協助。義淨也想要聘請譯經助手；於是，他寫了一封信，請廣州的友人幫忙聘僱助手以及購買紙墨等抄寫工具。

為了寄信，義淨來到室利佛逝的港口，找到一艘正準備開往廣州的船舶。正當義淨登船交信時，驟然風起；船上商人見起風了，隨即揚起船帆，借著風力啟航。等義淨發現船隻在航行時，已無法讓船舶折返港口了。

雖說是意外，但義淨也明白因緣業果自有法則，非人所能左右，因此他也只能隨順因緣而行。

義淨意外搭上的商船，就這樣一路平順往北航行，終於在永昌元年七月二十日抵達廣州。此時，離義淨當年乘船離開廣州已十八年。

義淨在毫無準備之下回到廣州，身無長物。幸好他是出家僧侶，在廣州也有相識的法師、居士；於是，他就在廣州制旨寺掛單住下。

制旨寺又稱為制止寺，為廣州名剎（今稱光孝寺，位於廣州越秀區光孝路）。據《光孝寺志》，此處原為南越王趙建德故宅，三國時東吳虞翻（經學家、政治家）貶居此處。虞翻去世後，他的後人布施宅子作為寺院，名為「制止寺」。

東晉安帝隆安年間（西元三九七至四〇一年），罽賓三藏曇摩耶舍（《光孝寺志》作「曇摩那舍」，應是形近之誤）來到廣州，初居白沙寺；後在制止寺原址建立五間大殿，改名為「王苑朝延寺」，又稱「王園寺」。曇摩耶舍遂於王園寺講學、譯經。

劉宋武帝永初元年（西元四二〇年），中天竺僧人求那跋陀羅在制止寺創設戒壇，稱為制止道場。陳朝天嘉年間（西元五六〇至五六六年），真諦在此寺譯出《攝大乘論》三卷、《攝大乘論釋》十五卷、《阿毘達磨俱舍釋論》二十二卷、《俱舍論偈》一卷、《廣義法門經》一卷等經論。唐太宗貞觀十九年（西元六四五年），改制止王園寺為乾明法性寺。

禪宗六祖惠能「非幡動，非風動，仁者心動」的典故即發生在這所法性寺。儀鳳元年（西元六七六年），印宗法師在法性寺為惠能剃度出家，而後惠能也在求那跋陀羅所設的戒壇受具足戒。

既然已經親身來到廣州，義淨遂在制旨寺向大眾說明自己此番來意：「我西行前往印度，原本的用意就是為了流通佛法。回程停留在室利佛逝，才發現經本尚有所欠闕。如今，帶回來的三藏典籍共五十餘萬頌都還留在室利佛逝，因此我終歸要再返回那裡。我已年逾五十，還要再次泛海而去。光陰流逝迅速，身命旦夕難保。人生就像朝露般短暫，何處可以託付呢？既然經典至關重要，有誰可以和我一同前往室利佛逝取回？此外，也需要有人在我翻譯時隨時記錄。」

制旨寺眾聽了義淨的告白後，隨即有人向他推薦精誠戒律的貞固。

貞固是鄭州滎澤縣人（今河南鄭洲滎陽域內），俗姓孟。十四歲依鄭州汜水等慈寺遠法師出家，學習大乘經典。數年後，貞固前往河南相州尋師訪道。他本想學習法，卻又考量到自己尚未掌握佛法要旨，難辨真偽，於是轉往洛陽學習唯識學說，隨後又往湖北安州向大猷學習方等經典。之後在湖北襄州遇到善導（註一），即依止修習彌陀法門。

貞固習得彌陀法門，原本一心志求往生極樂淨土，後來自己反思：「只求自己往生淨土是獨善其身的行為，有違大乘菩薩行徑；更何況，一切唯識所變，哪裡不是淨土！」於是又轉往襄州峴山恢覺寺澄禪師處學習。

澄禪師精通律典，貞固年滿二十，即於澄禪寺座下受具足戒，依止學習戒法。一年後，又到湖北安州十力寺向秀律師習律三年；期間專志研習道宣的律疏，並誦《法華》、《維摩》一千遍。之後，貞固又回到戒和尚澄禪師處，重聽各部經、論。

垂拱年間，貞固有意到師子洲頂禮佛牙，於是前往廣州準備搭船西行。貞固在廣州時居住在制旨寺，期間受廣州僧徒之請，在制旨寺開講律典。貞固後來到廣州清遠峽山，想尋一處清淨的地方靜修，因而結識謙寺主；蒙謙寺主厚待，遂留在其寺設方等道場，修法華三昧。義淨回到廣州時，貞固即在峽山上閉關修法華三昧。

義淨聽了制旨寺眾的介紹，也覺得貞固是適合的人選；於是來到貞固關前，向他陳述自己到印度求法的經過以及前來拜訪他的用意。貞固受義淨求法之志所感，心中生起了同行之念；不過，他並沒有真正應允，只是先與義淨一同回到制旨寺。

義淨、貞固二人回到制旨寺後促膝長談，兩人「平生未面而實冥符宿心」，於是貞固答應一同前往室利佛逝。貞固下定決心後，又回到峽山向謙寺主告別。謙寺主對於貞固的決定相當讚歎，不僅沒有挽留貞固，還供養物資作為貞固的旅費。

貞固身邊有位弟子，名懷業，年僅十七，俗姓孟，祖父是北方人，後因官職調任而舉家遷居廣州。當他得知師父決定前往室利佛逝，便提出自己也要隨行。

除了貞固師徒二人，義淨還尋得道宏與法朗兩人同往。

道宏是汴州雍丘（今河南開封）人，俗姓靳，幼年隨經商的父親移居廣州峽山。其父後來在峽山依寂禪師出家習禪，法名大感，帶著年幼的道宏遊歷、習禪於山林之間。後來，道宏也走上了與父親相同的道路，也在峽山出家為僧，年滿二十受具足戒；雖然年資尚淺，卻有志氣，常往來廣州佛寺。當他得知義淨在徵求譯經助手隨行到室利佛逝，即前往制旨寺拜訪義淨，言明自己願意同往。義淨同意後，道宏即回到峽山，向常住寺院告假，然後和貞固師徒一同回到制旨寺，與義淨會合。這一年，道宏才二十二歲。

法朗俗姓安，襄州襄陽人，家族世代仕宦。法朗童年出家，後離開家鄉來到廣州。義淨在廣州與法朗結識，向他說明前往室利佛逝之事；法朗聞言，欣然同意隨行。

於是，永昌元年十一月一日，義淨就帶著廣州法俗供養的資糧，與貞固、懷業師徒以及道宏、法朗，一起登上商船，不到一個月就抵達室利佛逝。

貞固等人隨義淨來到室利佛逝，除了協助義淨譯經之外，學習也是日常要務。貞固的弟子懷業語言學習的能力較強，不僅學了梵語，還學習了崑崙語（據說類似今日的馬來語），佛法方面則偏向俱舍。道宏和法朗則志心律學；而法朗除了研習戒法，還兼習因明和俱舍。

義淨本身除了譯經，他還忙於著述。義淨回想自己這趟旅程著實不容易。年少時拜閱先賢的求法見聞錄，雖然深受感動，對於前人的艱辛卻未能感同身受；如今自己親身走了一趟，才體會到求法之路是多麼難行。對於旅程的平順與否，義淨認為與個人的福報有關：「若有福力扶持所在，則樂如行市；如其宿因業薄，到處實危若傾巢。」義淨也想起了自己在旅途中遇見和聽聞過的其他求法僧的事蹟。於是，他決定將眾人的事蹟記錄下來，寫成《大唐西域求法高僧傳》，傳芳後世。

此外，義淨也將他在印度、南海佛國實地考察僧侶戒律行持情況等心得，撰寫成《南海寄歸內法傳》，希望能作為漢地寺院、僧侶的參考。

正當義淨在室利佛逝譯經、著述之時，神州大地已改朝換代，大周取代了大唐，武姓女帝正式登上歷史舞臺。

武后稱帝，改國號大周

武則天，「大周」的開國君王，也是唯一的君王，《舊唐書》和《新唐書》將之列入〈本紀〉高宗之後、中宗之前。〈本紀〉是帝王傳記，可見兩部《唐書》雖然仍稱武氏為「皇后」，實際上卻承認她的皇帝身分。

武氏的本名不詳，名諱「曌」，是武氏一生所造十九個字之一，也是她在改元「載初」的赦文中為自己取的名字：

> 朕又聞之，人必有名者，所以吐情自紀，尊事天人。是故，以甲以乙，成湯為子孫之制；有類有象，申繻明德義之由。朕今懷柔百神，對揚上帝，三靈眷祐，萬國來庭，宜膺正名之典，式敷行政之方。朕宜以「曌」為名。

「則天」之稱，則來自於中宗李顯復位後為武氏所上的尊號「則天大聖皇帝」。

武氏是并州文水（今山西呂梁境內）人。父親武士彠為大唐開國功臣，官至工部尚書、荊州都督，敕封應國公。

貞觀十一年（西元六三七年），武氏十四歲；太宗李世民聽聞武氏容貌美麗，於是召之入宮，立為才人。貞觀二十三年（西元六四九年），太宗病逝，武才人依例入感業寺為尼。高宗李治在感業寺遇見武氏，為之傾心，遂重新召武氏入宮，封為昭儀，而後又封為宸妃。永徽六年（西元六五五年），李治廢王皇后，改立武宸妃為皇后。

高宗李治自顯慶年（西元六五六始）以後為風疾所苦，有時候病情嚴重，無法批閱百官各部的奏表。武后才智過人，又通文史，每當李治無法處理奏章時，就會委托武后代為批覆。武后因此逐漸涉入朝庭政務，其地位和權勢也隨之日益高漲。

咸亨五年（西元六七四年）八月，李治下詔稱皇帝為「天皇」，皇后為「天后」，並改元「上元」。自此，武后的威勢等同皇帝，時稱帝后為「二聖」。

弘道元年（西元六八三年）十二月，李治崩逝。太子李顯繼位，武氏以皇太后的身分臨朝稱制，成為實際的大唐掌權者。隔年正月改元嗣聖，二月皇太后廢皇帝李顯為廬陵王，改立自己的另一個兒子李旦為帝，並改元文明；皇太后仍臨朝稱制，執掌國政。

不過，武氏並不滿足於太后的身分，她想成為真正的一國之君。於是，武太后罷免反對自己的官員，任用支持者擔任各個軍政單位的要職；翦除李氏皇室宗親，為武姓外戚封王賜爵；毀掉洛陽皇城三大殿之一的乾元殿，依周制就地建造「天子宗祀之堂，朝諸侯之位」的明堂。這一連串的動作，一再顯示武太后在為登上皇座而鋪路。

然而，如此政治手段尚不足以讓武氏名正言順登上帝位；她需要高於一切的力量來為自己正名。

中國自古即相信君王是上天派遣下凡治理人間的說法；因此，歷朝歷代帝王的生平事蹟，不乏神異的傳說；或是母親懷孕時夢見仙人等徵兆，或是出生之時出現神龍、神光，或是有道人、天石預言等。特別是改朝換代的君王，更是會藉由神異事蹟來合理化自己的君權，武則天亦然。

垂拱四年（西元六八八年），武太后的侄子魏王武承嗣偽造瑞石，石上刻有文字曰：「聖母臨人，永昌帝業」，並令雍州人唐同泰上表稱該石是自己在洛河發現。武太后很高興，為瑞石賜號「寶圖」，提拔唐同泰為遊擊將軍。

同年五月，武太后加尊號「聖母神皇」。七月，大赦天下，改「寶圖」為「天授聖圖」，封洛水神為顯聖，建廟供奉，並在洛河邊上的地域設置永昌縣。武太后為了表示歡慶，特許全國百姓大肆宴飲五日。十二月，神皇親祭洛水，授「天授聖圖」。是月，明堂建成。

翌年，改元永昌。正月，聖母神皇於明堂舉行祭祀大典，大赦天下，特許百姓宴飲七日慶賀。又依周制改子月十一月為正月，改永昌元年十一月為載初元年正月，並為自己取了個寓意深遠的「曌」字為名字。

做完這一些，武曌的大業就只差一步了。而讓武曌完成最後一步的助力，是來自於佛教。

時有沙門名薛懷義，本名馮小寶；因容貌偉岸、體力非凡，被高宗之妹千金公主送給武則天當男侍。武氏對馮小寶恩遇日深，為了方便他進出宮禁，遂度其出家為僧，法名懷義。又為了將懷義抬為士族，進而令其與太平公主的駙馬薛紹合族，改姓薛，事薛紹為叔父。

自此，懷義與洛陽法明等諸僧在皇宮中的內道場念誦修持。垂拱初，懷義說服武則天為其修復白馬寺，並自為寺主。

載初元年（西元六九〇年）七月，懷義與法明等僧人以北涼曇無讖所譯《大方等無想經》為底本，重新剪裁、潤飾、注釋，並附上大量讖言按語，編撰出《大雲經》（學者多稱為《大雲經疏》），極力宣稱經中記有「神皇受命」之事。

曇無讖所譯《大方等無想經》共六卷，分為三十七揵度，《大雲經》亦編有三十七揵度，只是經文經過編輯。至於女身當王的敘述，是在《大方等無想經》第四卷〈如來涅槃揵度〉和第六卷〈增長揵度〉。懷義等人將《大方等無想經》女身當王相關的內容，從千餘字剪裁成不到三百字的一段經文，並以注釋、按語的形式，強調經中所言「女王」者，即指神皇武則天。例如：

昔燈王佛所發願乃有三人：一大王，二夫人，三大臣。大臣法林前後記畢，天女請說大王之事，佛即先讚淨光慚愧之美，次彰天女授記之徵，即以女身當王國土者，所謂聖母神皇是也。

何以驗之？謹按《證明因緣讖》曰：尊者白彌勒，世尊出世時，療除諸穢惡。若有逋慢者，我遣天童子，手把金杖，刑害此人。水東值明主，得見明法王。尊者願彌勒，為我造化城。上有白銀柱，下有萬世銘。天女著天衣，柱上懸金鈴，召我諸法子，一時入化城。

謹按：彌勒者，即神皇應也。彌勒者，梵語也，此翻云慈氏。按《維摩經》云，慈悲心為女，神皇當應其義合矣。

《大雲經》稱「神皇」武則天為佛所授記的女王，且是彌勒化身；雖然釋文牽強附會，卻應和武則天想要利用宗教合法化其帝位的心意。因此，懷義將

《大雲經》上呈後，武則天隨即在全國各州建置大雲寺，度僧千人，並令各寺講說、典藏《大雲經》。參與編撰《大雲經》的眾位僧人，則獲封縣公，賜予紫袈裟等物。

載初元年九月九日，武則天正式登上皇帝之位，改國號「大周」。她將年號改為「天授」，其用意不言而喻。

天授二年（西元六九一年）三月，武則天頒布制令，將佛教的地位置於道教之上：

朕先蒙金口之記，又承寶偈之文，歷數表於當今，本願標於曩劫。《大雲》闡奧，明王國之禎符；方等發揚，顯自在之丕業。馭一境而敷化，弘五戒以訓人。爰開革命之階，方啟惟新之運，宜叶（協）隨時之義，以申自我之規。雖實際如如，理忘於先後；翹心懇懇，畏展於勤誠。自今已後，釋教宜在道法之上，緇服處黃冠之前。庶得道有識以歸依，拯群生於迴向。布告遐邇，知朕意焉。

文中明白指出自己是蒙佛授記，又表示《大雲經》是「明王國之禎符」，其「朕意」昭然。

同一年，懷義在洛陽敬愛寺增建殿宇，改寺名為佛授記寺。長壽二年（西元六九三年），南印度僧人達摩流支來到洛陽，於佛授記寺翻譯《寶雨經》，懷義監譯。《寶雨經》受到懷義的關注，是因為此經同樣述及女身為王的內容：

爾時東方有一天子名曰月光，乘五色雲來詣佛所，右遶三匝，頂禮佛足，退坐一面。佛告天曰：「汝之光明甚為希有！天子！汝於過去無量佛所，曾以種種香花、珍寶、嚴身之物，衣服、臥具、飲食、湯藥，恭敬供養，種諸善根。天子！由汝曾種無量善根因緣，今得如是光明照耀。天子！以是緣故，我涅槃後最後時分第四五百年中，法欲滅時，汝於此贍部洲東北方摩訶支那國，位居阿鞞跋致，實是菩薩，故現女身，為自在主。……然一切女人身有五障。何等為五？一者不得作轉輪聖王，二者帝釋，三者大梵天王，四者阿鞞跋致菩薩，五者如來。天子！然汝於五位之中當得二位，所謂阿鞞跋致及輪王位。

天子！此為最初瑞相。汝於是時受王位已，彼國土中，有山涌出五色雲現。當彼之時，於此伽耶山北亦有山現。天子！汝復有無量百千異瑞，我今略說，而彼國土安隱豐樂，人民熾盛，甚可愛樂，汝應正念施諸無畏。」

《寶雨經》譯出後，懷義將之上呈武則天。由於《寶雨經》直接指明女王出現的地點是在「贍部洲東北方摩訶支那國」，不必注釋附會，就足以成為武則天以女身統治東方神州的證據。因此，《寶雨經》與《大雲經》一樣，都受到武則天的重視；此後，兩經一再出現在武則天御製的佛經序文之中。

不只訴諸文字，武則天甚至還命人將《寶雨經》佛陀說法的場景繪製在敦煌莫高窟中（今莫高窟第三二一窟）。圖像最上層繪有藍色雲帶，而在正中寶蓋之上的雲帶還畫有兩隻分別托著日月的手，以此具象化武則天那政治意味濃厚的名諱「曌」。

正當武則天致力於鞏固帝位的時候，遠在室利佛逝的義淨已準備回歸故土了。

還至洛陽，武曌親迎

天授二年，義淨停留在室利佛逝的第四年，他將這幾年翻譯的佛典十卷，以及所撰寫的《大唐西域求法高僧傳》兩卷、《南海寄歸內法傳》四卷，請托僧人大津送回大唐。

大津是澧州（今湖南省澧水流域一帶）人，幼年出家，心懷西行之志。永淳二年（西元六八三年）隨大唐使節揚帆南下，行船月餘抵達室利佛逝。當地的僧團生活吸引了大津；於是，大津決定留在室利佛逝學習崑崙語、梵語等語文，並在當地受具足戒。義淨從印度返國途中駐錫室利佛逝而與大津結識。

義淨請大津先行回國，最主要是想請求皇帝在印度建寺，讓大唐僧人在印度能夠有個安身之所，不必為了生活而耽誤了學法之事。因此，義淨在《大唐西域求法高僧傳》中，除了描寫大唐僧人求法的事蹟、遭遇，還詳細地介紹那爛陀寺，並且附上了那爛陀寺的繪圖作為建寺參考。可惜，此圖如今已失佚。

當大津得知義淨的用意之後，立即答應為他跑一趟，遂於天授二年五月十五日啟航返回大唐。

古代船隻結構並不像今日般堅固，加上海洋氣候詭異多變，若不幸遭遇狂風巨浪，隨時都有覆船之危，每次航行都可說是冒著生命危險；因此，義淨非常感激大津答應他的請託。義淨曾讚歎大津：

嘉爾幼年，慕法情堅；既虔誠於東夏，復請益於西天。重指神州，為物淹流。傳十法之弘法，竟千秋而不秋。

義淨讓大津先行回國之舉，似乎有投石問路之意；因為，義淨從印度帶回來的舍利、佛像等聖物並沒有交給大津帶回國。由此可見，義淨仍懷有歸國之心，並不打算長居室利佛逝。此外，義淨只是將部分譯經（內容不詳）和兩部著作上呈，此舉的目的是為了請求皇帝在西方建寺；如若皇帝有意建寺，必會下旨召見義淨詢問詳情；到那時，義淨才會帶著舍利、佛像以及其餘三藏典籍歸國。

有關義淨的史料並無明確記載他是何時重返廣州，也不清楚他是否蒙武則天下旨召其回國。不過，義淨在《大唐西域求法高僧傳》中提到，貞固等人在室利佛逝「學經三載」，之後大家就各奔東西。義淨眾人大約在永昌元年（西元六八九年）十二月抵達室利佛逝，若不算這一年，三年後就是西元六九三年，也就是長壽二年。

長壽二年，法朗去往訶陵國（今印尼爪哇北部沿海一帶）遊學，可惜不久就因病身亡，年僅二十四。貞固的弟子懷業則選擇繼續留在室利佛逝。與義淨一起返回廣州者，就只有貞固和道宏。

貞固回到廣州後在「三藏道場」弘揚律學。義淨所謂的「三藏道場」，很可能是貞固之前駐錫講律的制旨寺；因為，制旨寺是由罽賓三藏曇摩耶舍改建成真正的佛寺規模。又，制旨寺是廣州重要的譯經道場，曇摩耶舍、真諦等人曾在制旨寺翻譯三藏聖典。由此推測，「三藏道場」或是指制旨寺。

貞固回到廣州不到三年就患病去世，世壽四十。道宏則在嶺南一帶遊方，義淨後來也失去他的消息。唯獨義淨，法緣不在南方，而在兩京。

義淨在他的遺書中曾提到：「天子親迎，群公重法」。據《開元釋教錄·卷九》所載，證聖元年（西元六九五年）夏天，六十一歲的義淨帶著三藏聖典、佛像、舍利，還至洛陽。當時，迎接義淨的禮儀相當隆重：洛陽眾僧持著幢幡連同鼓樂儀隊，在義淨前面導引，將他領至洛陽城東上東門外；皇帝武曌為表示敬法重人，特意在上東門外親迎。

何以武曌如此禮待義淨？箇中原由或許可以從下述事件得知端倪。

北宋金石家趙明誠（西元一〇八一年至一一二九年）曾多次參訪濟南長清縣（今山東濟南長清區）四禪寺。他在寺中發現唐中宗李顯所撰〈唐中興聖教序〉石碑（此序又稱〈唐龍興三藏教序〉、〈三藏聖教序〉、〈大唐中興三藏聖教序〉等），並將之錄入《金石錄》中。《金石錄·卷二十五》有該石碑的辨證跋文：

〈唐中興聖教序〉

右〈唐中興聖教序〉，中宗為三藏法師義淨所作，唐奉一書。刻石在濟南長清縣界四禪寺。寺在深山中，義淨真身塔尚存。余屢徃（往）遊焉，得此文入錄。案《御史臺記》，奉一，齊州人，善書翰。武后時為御史，後坐誅翦皇族，廢。

〈唐聖教序〉碑側

右〈聖教序〉碑側云：「則天嘗得玉冊，上有名十二字，朝野不能識，義淨能讀。其文曰：『天冊神皇萬歲忠輔聖母長安』。證聖元年五月上之，詔書褒答。」案宋莒公《紀年通譜》，武后以證聖元年九月授「天冊金輪聖人」之號，故大赦、改元。先是司餼局人於水際得石函，有玉冊云：「神皇萬歲忠輔聖母長安」，故改元協瑞。其文與義淨所載小異云。余嘗謂義淨方外之人，而區區為武后稱述符命，可笑也。然陶弘景號稱一代高士，在梁武時亦屢上圖讖，豈獨義淨哉！

在趙明誠之前，北宋蘇轍（西元一〇三九至一一一二年）也曾遊訪四禪寺。

他以〈遊泰山四首其二四禪寺〉記云：

山蹊容車箱，深入遂有得。古寺依岩根，連峰轉相揖。
樵蘇草木盡，佛事亦蕭瑟。居僧麋鹿人，對客但羞澀。
雙碑立風雨，八分存法則。云昔義靖（淨）師，萬里窮西域。
華嚴具多紙，歸來手親譯。蛻骨儼未移，至今存石室。
遺文盡法界，廣大包萬億。變化浩難名，丹青畫京邑。
粲然共一理，眩晃莫能識。末法漸衰微，徒使真人泣。

詩中「雙碑」應包括了〈唐中興聖教序〉，因為序中記有義淨的生平經歷，而蘇轍則是從中瞭解到義淨曾經西行求法、翻譯《華嚴經》等事蹟；「蛻骨儼未移，至今存石室」，即指寺中供奉了義淨的舍利塔。

濟南長清縣界四禪寺所在地理位置與義淨出家的土窟寺相同，再加上四禪寺不僅有唐中宗為義淨所寫的〈唐中興聖教序〉，還置有義淨的舍利塔；因此，後人推測四禪寺即義淨出家的土窟寺。

趙明誠在〈唐中興聖教序〉碑側發現一則記事，敘述武則天曾獲得一枚刻有十二個字的玉冊；然而，朝野上下無人識得玉冊上的文字寫的是什麼，唯有義淨能解讀那十二個字是「天冊神皇萬歲忠輔聖母長安」，並於證聖元年五月上呈解讀的答案。

義淨為武則天解讀出玉冊內容的事，正好是發生在證聖元年夏天，與義淨回到洛陽的時間吻合；由此推測，武則天是因此親自到上東門外迎接義淨。認可義淨，也就表示認可玉冊所言。於是，同年九月，武則天加尊號「天冊金輪聖神皇帝」，並改元「天冊萬歲」。

為何義淨要迎合武則天以符命來穩固帝位的作法？

東晉高僧道安身處亂世，曾教誡門人：

> 今遭凶年，不依國主，則法事難立；
>
> 又，教化之體，宜令廣布。

其實，不論是否處於亂世，綜觀中國佛教史，佛教的發展無不與帝王息息相關。義淨熟識歷史，想必深知佛教的興廢只在帝王的一念之間。他在歸國前請託大津上呈譯典和著作，都是希望能獲得國主的關注；尤其是義淨想要在印度建寺的心願，除非獲得皇帝支持，否則將難以實現。

義淨確實成功地引起武則天的注意，並在武皇帝的護持下開始了譯經事業。

往來兩京翻譯佛典

義淨於五月抵達洛陽後，武則天將他安置在佛授記寺；不久之後，又讓義淨住到大福先寺。

義淨剛到洛陽的這段時間，並未立即開始翻譯自己帶回來的佛典，而是受命參與《華嚴經》的翻譯，與南印度沙門菩提流志（即達摩流支）共同宣讀梵本。

當時，《華嚴經》的翻譯工作才開始不久。武則天以東晉佛馱跋陀羅所譯六十卷本《華嚴經》翻譯年代久遠且不夠詳備為由，敕令於證聖元年三月十四日，在皇城內大遍空寺設置譯場，由西域沙門實叉難陀主譯，重新翻譯《華嚴經》。翻譯工作共歷時四年有餘，聖曆二年（西元六九九年）十月初八日，全經八十卷繕寫完成。之後，皇帝又命譯經成員之一的法藏（註二）於佛授記寺宣講《華嚴經》。

武則天相當重視此次的譯經，她在御製序中提到「親受筆削，敬譯斯經」，可見她曾經直接參與譯經之事。

義淨有了這一次的譯場翻譯經驗後，接下來他就開始自己主持翻譯工作。義淨翻譯的年代，共跨越武則天、中宗、睿宗三朝。最初，義淨是參與他人的譯場協助譯經，之後才在皇帝的護持下組建自己的翻譯團隊，譯場則分別在洛陽、長安兩京的內道場或皇家寺院。

武則天久視元年（西元七〇〇年），義淨開始在洛陽大福先寺譯經。大福先寺是武則天生母楊氏舊宅；上元二年（西元六七五年）改宅為寺，名太原寺。垂拱三年（西元六八七年）改為魏國東寺，後又改大周東寺，天授二年（西元六九一年）改為福先寺。

久視元年五月五日，義淨譯畢《入定不定印經》一卷，武則天為之撰〈大周新翻三藏聖教序〉，並命人將序文刻石置於寺中。至大足元年（西元七〇一年）九月下旬，義淨在大福先寺前後共譯出《彌勒下生成佛經》、《根本薩婆多部律攝》等十部將近三十卷的典籍。之後，義淨去往長安，住西明寺。

西明寺原為隋臣楊素宅府；貞觀中期，唐太宗賜予四子濮王李泰。據《大唐大慈恩寺三藏法師傳》所載，西明寺是唐高宗李治為太子李弘所造。最初的計畫是在濮王故宅分別建造佛寺和道觀各一所，後來因為面積不足以容納兩所，才改為營建佛寺。營造工程從顯慶元年（西元六五六年）八月十九日開始，至顯慶三年（西元六五八年）六月完工。當時正好玄奘隨駕來到長安，高宗即敕玄奘居住在新建好的西明寺。

至長安三年（西元七〇三年），義淨在西明寺共譯出《金光明最勝王經》、《根本說一切有部毗奈耶》、《六門教授習定論》等十部八十餘卷經、律、論三藏典籍。

據北宋僧人非濁（卒於西元一〇六三年）撰《三寶感應要略錄》的記載，《金光明最勝王經》於長安三年十月四日譯出後，同月十五日，武則天即到西明寺，以百尺長幡兩面、四十九尺長幡四十九面、絹百疋、香、花、七寶等物供養是經。當時紫雲蓋寺，經卷亦綻放光芒，大地微動，天雨細花。這一年，武則天已高齡八十。

義淨並未在長安逗留太長時間，長安四年（西元七〇四年）初已回到東都洛陽。四月七日，河南鄭州登封嵩山少林寺寺主義獎等人商議於少林寺重結戒壇，遵照律典中傳戒儀軌來傳授戒法。於是眾人來到東都洛陽，禮請義淨等大德，到少林寺重結戒壇傳戒。前來受戒的僧人共超過百人，戒期歷時三十日。

義淨特為此事留下碑銘記錄，名為〈少林寺戒壇銘（並序）〉：

粵以長安四年，歲次甲辰四月七日，此寺綱維寺主義奬、上座智寶、都維那大舉、法濟禪師及眾德等，議以少林山寺，重結戒壇，欲令受戒懺儀，共遵其處。遂乃遠之都下，屈諸大德，般勤致禮，延就山門。是時，我老苾蒭義淨及護律師、瑳禪師、恂律師、暉律師、愘律師、威律師等，既至寺所，解舊結新，僉議此邊，名為小戒，標相永定，冀無疑惑。於是獲鵝珍（註三）之嘉士，無召自來；得草結（註四）之英賢，不期而會。數逾一百，行道三旬，共係頸珠，俱修趺足。誠五濁之希有，慕四依之住持。虛法實歸，紹隆無替。庶乎桑田屢改，長存立石之基；沙界時遷，無爽布金之地。恐田成碧海，嶺變青川，迷此結誠，乃為銘曰：「羯磨法在，聖教不淪；式得金口，是敬是遵。目睹西域，杖錫東巡；睹盛事而隨喜，聊刊刻乎斯文。」

此〈少林寺戒壇銘（並序）〉之後由括州刺史李邕書寫、沙門如通立石、伏靈芝刻字，並於開元三年正月十五日建立石碑。

義淨的生平事蹟較為人所知者，是他的西行求法和譯經事業；至於義淨的弘化事蹟，留下記錄者非常少；而在少林寺建立戒壇傳戒一事，則是少數傳予後人的事蹟之一。

於長安大薦福寺敕設翻經院譯經

西元七〇五年，武則天改元神龍。是年正月二十二日，武則天在洛陽病重，太子李顯以麟臺監張易之及其弟司僕卿張昌宗謀反為由，率左右羽林軍桓彥範、敬暉等，入宮誅殺張氏兄弟。第二天，武則天傳位於太子，遷居上陽宮。二十七日，中宗李顯為武則天上尊號「則天大聖皇帝」。二月初四，李顯恢復國號「唐」以及唐制。十一月二十六日，武則天崩逝於上陽宮仙居殿。

李顯於顯慶元年（西元六五六年）出生於長安，是高宗李治的七子、武則天的第三子。弘道元年（西元六八三年）十二月初四日高宗病逝。同年十二月十一日，李顯繼位，改元嗣聖，尊武則天為皇太后。李顯雖然身為皇帝，但實際權力卻是掌握在臨朝稱制的武太后手中。李顯想培植自己的勢力與武則天對抗，結果在位不到兩個月就被武則天廢黜，貶為廬陵王，並幽禁在均州（今湖北均州鎮）和房州（今湖北房縣）。

中宗李顯因自身的遭遇而寄情於宗教，因此他對佛教是存在信仰成分，而不只是利用佛教達到他的政治目的。

中宗所敬仰的法師除了義淨以外，還有華嚴宗三祖賢首法藏。中宗於神龍元年，命人繪畫法藏之像，並撰文讚頌。神龍二年七月大旱之時，他命法藏等人祈雨。後因感驗得雨，中宗遂依法藏受菩薩戒，並為法藏賜號「國一」。

為了維護佛教的正統，中宗敕令禁止宣稱佛陀為老子所化的《老子化胡經》及相關內容的變相圖：

> 朕叨居寶位，惟新闡政，再安宗社。展恭禋之大禮，降雷雨之鴻恩。爰及緇黃，兼申懲勸。如聞天下諸道觀皆畫化胡成佛變相，僧寺亦畫元元之形，兩教尊容，二俱不可。敕到後，限十日內並須除毀。若故留，仰當處官吏科違

敕罪。其《化胡經》累朝明敕禁斷。近知在外仍頗流行，自今後，其諸部《化胡經》及諸記錄有化胡事，並宜除削；若有蓄者，準敕科罪。

中宗復位後即詔義淨於東都皇城內道場翻譯《大孔雀呪王經》；之後，義淨回到大福先寺翻譯《香王菩薩陀羅尼呪經》等。至神龍元年七月十五日，義淨共譯佛經四部，合共六卷。皇帝李顯特為義淨新譯經典撰〈三藏聖教序〉，並親御洛陽城西門向諸侯百官宣示新經。

神龍二年（西元七〇六年），義淨隨駕回到長安，中宗將他安置在大薦福寺。大薦福寺是隋煬帝楊廣在藩時的舊宅。文明元年（西元六八四年）高宗病逝後百日，武后為高宗薦福，遂改宅為寺，名大獻福寺。天授元年，武則天擴大營建，並敕名為大薦福寺。中宗復辟後，特為義淨設置翻經院。

神龍三年（西元七〇七年），中宗李顯詔義淨到皇宮，與眾譯經沙門一同於宮中道場結夏安居九十天。期間，義淨受命於宮內佛光殿主譯《藥師琉璃光七佛本願功德經》。其事緣於，李顯被軟禁在房州期間，惶惶不知歸期，平日裡只能祈念藥師如來聖號；如今得以重登帝位，李顯認為這是藥師如來賜予的福澤，遂命義淨重新翻譯《藥師琉璃光七佛本願功德經》，李顯親自擔任筆受。是年夏天，全經翻譯完畢。

義淨在中宗的護持下，安心在大薦福寺翻經院翻譯佛經。至景龍四年（西元七一〇），義淨共譯出《佛頂尊勝陀羅尼經》、《根本說一切有部苾芻尼毗奈耶》、《成唯識寶生論》等十餘部三藏典籍，合共一百二十餘卷。

同年六月初二日，中宗遭毒害，年五十五。皇后韋氏立李顯年僅十六歲的幼子李重茂為帝，改元唐隆，自己效法武則天臨朝稱制。不到一個月的時間，唐隆朝就被李旦的三子臨淄王李隆基和武則天的小女兒太平公主發兵推翻。六月二十四日，睿宗李旦復辟，改元景雲，大赦天下。

李旦於龍朔二年（西元六六二年）生於長安，是高宗的第八子、武則天的幼子，中宗的同母弟弟。李旦最初名為旭輪；高宗總章二年（西元六六九年）獲封冀王後，改名李輪；儀鳳三年（西元六七八年）徙封豫王，再改名李旦。

嗣聖元年，武則天廢中宗李顯，改立李旦為帝，改元文明，武則天臨朝稱制，掌握實際的權力。

載初元年，李旦當了十餘年的傀儡皇帝，最終以一紙禪位詔書結束，改回舊名李輪，以皇嗣的身分徙居東宮，具儀比照皇太子。聖曆元年，李輪的兄長李顯重新被立為皇太子，李輪改封為相王，又再使用李旦之名。後李旦因迎中宗復辟之功，獲封安國相王，遷太尉。

睿宗復位後，雖然也繼中宗之後，依賢首法藏受菩薩戒，但他對待佛、道二教的態度是平等的；因此，李旦復位後，兼度僧、尼、道士、女冠三萬人。睿宗也下令僧、道二教並行，而不再有先後之分：

> 朕聞釋及元宗，理均跡異，拯人救俗，教別功齊，豈於中間妄生彼我？不遵善下之旨，相高無上之法，有殊聖教，頗失彝章。自今每緣法事集會，僧、尼、道士、女冠等，宜令齊行並進。

睿宗對義淨亦如中宗般敬重有加，仍護持義淨於大薦福寺翻經院翻譯佛經。至景雲二年（西元七一一年），義淨又譯出《稱讚如來功德神呪經》、《集量論》等十餘部經論，共二十餘卷。這一年，義淨已高齡七十七，仍孜孜於翻譯佛經。

然而，歲月不饒人，義淨為法奔走忙碌一生，終於到了停下來的時候。

【註釋】

註一：善導大師（西元六一三至六八一年），俗家姓朱，安徽泗州人（一說山東臨淄人），唐朝高僧，為道綽之徒弟。善導為淨土宗的實際創立者，中國淨土宗推崇其為二祖；日本淨土宗傳承將他列在鸞曇、道綽之後，為淨土宗第三位祖師。

十歲即從密州（今山東諸城）的明勝大師出家，一心向佛。初習三論宗，間讀《法華經》、《維摩詰經》諸經，見西方變相圖，大受感動，很早就發願往生西方淨土。

六四一年，跟隨道綽大師修學淨土宗，習《觀無量壽經》，徹底覺悟，喜曰：「此真入佛之津要。修餘行業，迂僻難成；惟此法門，速超生死。」

六四五年，道綽大師圓寂後，善導轉赴長安，在慈恩寺弘揚淨土法門，激發僧俗同修念佛，求生西方極樂淨土。善導大師自修則「每入室長跪念佛，非力竭不休」，度人則「每逢人即演說淨土法門」，遂成當時弘傳淨土法門的知名大師。

六八一年示寂後，其弟子於長安立靈塔（現址位於西安市長安區）神禾原，後於塔旁創建香積寺。唐高宗以師念佛「口出光明，神異無比」，故賜額為「光明寺」，後人亦稱師為「光明和尚」。

善導大師於其著作《觀經四帖疏》之〈玄義分〉，「勸眾發願歸三寶偈」云：「十方恆沙佛，六通照知我；今乘二尊教，廣開淨土門。」而《觀經四帖疏》正是開宗判教的典籍，是為淨土宗的最高指導。

唐末武宗滅佛後，善導所有著作除《往生禮讚》外全部散佚，淨土宗法脈於焉消沒。致使後世的弘法者無所依從，宋元明清乃至現代所流傳的淨土學說，都是天台、華嚴，禪等諸宗混合的淨土，與善導的淨土思想截然不同。

清末印光大師到訪金陵刻經處時，得見失傳已久的善導所有著作（不含《阿彌陀經義》），此是楊仁山從日本請回的淨土經典。透過印祖的刻印、弘揚，才使得善導「五部九卷」重啟，已斷千多年的淨土宗法脈重見光明。

「五部九卷」包括：《觀經四帖疏》（《觀無量壽經疏》）四卷、《觀念法門》一卷、《法事讚》二卷、《往生禮讚》一卷、《般舟讚》一卷。其中的《觀經四帖疏》，古今大德皆尊稱為「楷定疏」或「證定疏」，奉為金科玉律，敬如經典，印光大師讚為：「淨業行人之指南針」。善導大師之淨宗宗旨及思想，一言蔽之即是：「善惡凡夫，得生報土，唯依本願，稱名念佛。」

蓮池大師於其《往生集》讚曰：「善導和尚，世傳彌陀化身。觀其自行之精緻，利生之廣博，萬代而下，猶能感發人之信心。設非彌陀，必觀音普賢之儔也。」

印光大師則於其《文鈔》讚言：「善導和尚係彌陀化身，有大神通，有大智慧。其宏闡淨土，不尚玄妙，唯在真切平實處，教人修持。至於所示專雜二修，其利無窮。」

日本淨土宗尊稱善導大師為「高祖」、「宗家」，甚至有奉阿彌陀佛為初祖、善導為二祖、日僧法然上人為三祖的說法，對其推崇之至。

臺灣日治時期，在臺北市城中樺山町（今臺北市中正區）有以「善導」而名的「善導寺」，在今臺北市忠孝東路。

註二：法藏（西元六四三至七一二年），唐代僧人，華嚴宗實際開創者，宗內稱為三祖。本康居國人，其祖父僑居長安，以康為姓。

十七歲入太白山求法。後去雲華寺師事智儼，聽講《華嚴經》，得其嫡傳。高宗咸亨元年（六七〇），榮國夫人辭世，武后施宅為太原寺，度僧以樹福田；其得同學與京城其他大德薦舉，得度為僧，受沙彌戒。先後於太原寺、雲華寺講《華嚴經》，武后命京城十大德為授具足戒，並賜以「賢首」之名，人稱「賢首國師」。

證聖元年（六九五）于闐沙門實叉難陀在洛陽大遍空寺，重譯《華嚴經》，他奉詔筆受。新譯《華嚴經》仍有脫漏；他用晉、唐兩譯對勘梵本，並把中印度沙門地婆訶羅在長安補譯的《入法界品》闕文補上，使現行《華嚴經》得以完善。

尊者以《華嚴經》為理論根據而立「華嚴宗」，被尊為華嚴宗第三祖，華嚴宗亦因他而被稱為「賢首宗」。尊者歷任五帝（唐高宗、武則天、中宗、睿宗、玄宗）門師，聲望顯赫。

註三：鵝珍，即「鵝珠」。此喻出自《大莊嚴經論・十一》：「昔有一比丘，乞食至穿珠家，立於門。時彼珠師，為國王穿摩尼珠。為比丘入捨取食間，鵝鳥來，含其珠。珠師還來不見珠，疑比丘而責之。比丘恐殺鵝取珠，說偈諷之，不聽。遂縛比丘，大加棒打，耳眼口鼻盡出血。時彼鵝來食血，珠師瞋，打殺鵝。比丘見而懊惱，說偈曰：『菩薩往昔時，捨身以救鴿；我亦作此意，捨身欲代鵝。由汝殺鵝故，心願不滿足。』爾時珠師開鵝腹視之，有珠，乃舉聲號哭。語比丘言：『汝護鵝命不惜身，使我作此非法事。』」歷來常以此故事為堅守戒律者之喻。

註四：「草結」即「結草」。此語出自《左傳．宣公十五年》，記載春秋時秦桓公攻打晉國，晉大夫魏顆在輔氏之役大敗秦軍，並且捉到秦國大力士杜回。相傳，魏顆之所以能打勝仗是因為兩軍對戰時，戰場上出現一個老人，在秦軍必經的地方把草打結，杜回經過時被草結絆倒而被擄，晉軍才能獲勝。魏顆晚上夢見老人，其自稱是寵妾之父；因為魏顆在父親魏武子死後，遵從父親清醒時的交代，將父親的寵妾改嫁；老人在戰場上將草打結絆倒杜回，是為了報答魏顆救了他女兒性命的恩情。

「結草」常與「銜環」並語。「銜環」出自南朝梁・吳均《續齊諧記》，內容記錄：楊寶九歲時在華陰山北面，發現鴟梟攻擊一隻黃雀，黃雀受傷墜落在樹下，全身爬滿螻蟻。楊寶將黃雀帶回家放在巾箱中救治，百來天後黃雀傷癒就飛走了。夜裡，楊寶夢見一個黃衣童子，說他是西王母的使者；為了感謝楊寶救命之恩，銜來四只白玉環送給他，希望楊寶的後世子孫品德清白如玉，位極三公。

「結草銜環」又有「生當銜環，死當結草」的說法，意指「銜環」是活著報恩、「結草」是指死後報恩。後來，這兩個詞語被合稱「結草銜環」，用來比喻感恩圖報、至死不忘。

第五章　最後身影

三藏義淨道心惟微，德宇增峻。既韞瀉瓶之智，方通慧鏡之明。幽詣絕域，躬傳祕藏。遺文大備，比羅什之總持；析理入微，等生公之懸解。境對而現，緣離示滅。

景雲三年（西元七一二年）正月十九日，睿宗改元太極。至五月十三日，又再改太極元年為延和元年，並大赦天下。七月二十五日，睿宗傳位於皇太子李隆基。八月二日，皇太子即位，尊睿宗為太上皇。八月五日，改元先天。從景雲年到先天年，整個西元七一二年共用了四個年號。

這一年，義淨已七十八歲。由於年老體弱，身體開始出現毛病，實在無法繼續進行耗廢精神心力的翻譯工作。義淨不得已，只能暫時停止譯經。

同年二月二十二日，門人崇勗為義淨繪像，並將之上呈皇帝。睿宗李旦見了畫像，心生歡喜，便製作由四首詩組成的讚頌文，讚揚義淨的功德：

（一）

猗歟釋種，降迹閻浮；三明備證，六度圓修。
離空離有，無作無求；至德孤秀，嘉名罕儔。

（二）

載涉山川，屢移寒暑；跡遠塵累，情忘出處。
濟苦慈航，除昏智炬；梵典爰集，門人攸敘。

（三）

高步寰中，獨遊方外；遍覩靈塔，親觀法會。
足踐布金，躬瞻獻蓋；細鑒澄什，寔為居最。

（四）

以斯上士，弘茲妙業；拯俗不疲，破魔寧怯。
遺揚震旦，光敷像法；勒美丹青，傳芳永劫。

先天二年（西元七一三年），義淨病情加重，臥榻不起。或許自知時日無多，因此打算回到家鄉齊州，以便圓寂之後能夠埋骨故里。同年正月六日，太上皇聽聞此事，問內常侍曰：「阿闍梨三藏義淨法師何日東歸？去問清楚然後報來。」

然而，義淨雖然有心回鄉，卻因為身體衰弱，不堪長途跋涉，歸鄉一事最終未能實現。

義淨遺言

正月十七日，義淨氣力漸衰，他似有預感自己將要辭世，於是在夜初時分，命弟子備好紙筆，寫下遺言：

吾聞乾為天也，坤為地也。百億日月翕闢照山河，百億閻浮幽明成晝夜。死生常道，唯聖人之能踰；衰變恒然，豈凡夫之能越。吾漸微弱，汝等未安，慮忽臨終，遺書敘意。吾稟氣山岳，養志經書，錯綜古今，搜求圖籍。七歲念文舉之俊，念之日（疑為「曰」之誤，後同）：「不獨天生」；十二見甘羅之才，念之日：「應同我輩」。英達君子雖未當仁，博識丈夫應權而動。少尋周孔，以禮樂為常；長習老莊，將恬淡而為樂。於國有益，於人甚安。不知過去之因，不說未來之果。研精失慮，據賾求微。枯木死灰之言，何足鑿其心眼？玉藻金縢之典，詎可瑩其精神？乍北乍南，每作栖遑之客；或隱或處，頻尚虛白之心。發願出家，投身入道，一歸緇侶。

再沐皇恩，屬天子高居公卿政事。盛揚佛日，自漢魏而不同；虔奉釋文，與周隋而全別。思之琳遠，希欲連蹤；想之騰澄，無妄接影。三藏教迹將漢地而未圓，十二部經想中天而可取。年始一十有七，思遊五印之都；歲臨三十有七，願到雙林之境。哀別南去，遠達西征；海路波濤，關山險阻。歷三十之外國，將四百之真經。願為衆生，志存翻譯。辭八相之靈塔，歸九洛之神州。天子親迎，群公重法。歡心役思，盡力妄疲。

五聖天波常遭覆蔭，百年天命漸自衰微。佛說涅槃，流傳十二分教；余見將死，寧無一二之言。遙想前途不知幾里，又思生路不知何年。吁吁嗟嗟，至無至之處所。到不到之境界取證可知；生不生之形骸於心尚惑。事既忩（匆）迫，恐無暇言。所譯之經虔敬無盡，未翻之典愧恨彌深。不得盡本心，不得終本願。不知天之故奪，不知神之故為。桑公俞附之醫，昔年何有？扁鵲葛洪之手，今日何無？石火流光，光銷難續；水花發彩，彩不久停。負氣吞聲，銜悲茹泣；情既恨恨，乃述言焉。弟子門人不可具載，略而書矣，望遣傳燈。學戒、學律之徒，莫違微細；學論、學經之輩，須識邪疑。三學總成，佛之上願；一行偏善，吾未喜焉。具圓之人觸犯須慎，近圓之者尊卑有方。講律之流願無休息，傳經之士冀見奉行。若為寺主綱維，盡身盡命荷護。僧徒慈仁慈忍，尼眾禁戒分明，大須堅固。汝等如吾言，行吾法：吾若為石為土也，即為汝之屋宅；吾若為楸為柏也，覆蔭汝之形容；吾若為神為鬼也，即益資汝之精氣；吾若為花為藥也，即加備汝之靈壽；吾若為天為人也，即以甘脆為汝之飲食；吾若得道得果也，即以威神令汝之安樂。汝若違吾語，失吾言：吾若為石為土也，汝死而不為丘墓；若為楸為柏也，汝死而不為棺槨；若為神為鬼也，為崇而不為荷護；若為花為藥也，為毒而不為氣力；若為天為人也，為惡而不為安穩；若得道得果也，怖汝心而為伴侶。慈之若此，悲之如斯。

崇慶、崇昮、元廓、玄秀、玄叡、慧福等，聰明稟氣，特達奇神。須存鑿壁之功，無使面牆有分。剝皮為紙，昔菩薩之大心；重法傳經，在汝等之用意。吾自病已久，鎮臥床枕，既不瘳損，無復聊生。惠奭、悟道以下返道小者，扶侍辛苦，慚愧唯深。文藝最處老生，汝等偏須，優愛梵本。

先有表文，付智積、才藝等。百德豐碑須為我立，衣鉢錫杖持律者收。吾別有語，已屬才藝。

京城貞法師、莊法師、傘法師、恒律師、昭上座、海都師等，天骨神授，器深智達；為眾生之眼目，作佛法之棟梁。吾貴之，重之，感通千萬。東京玄秀、懷秀十二及諸州弟子門人法明、敬忠、慧福等，雖不相見，如上處分。齊州孤妹、諸親眷族並言好住。慧日、阿湛相去既遠，吾何忘之？各寫一本，待諸後人，知吾之情，稟吾之意。汝等努力，吾亦自憂耳。先天二年正月十七日夜二更，鄔波弟耶付弟子門人智積、崇俊、玄暉、曇傑、寶嚴等。

義淨回顧了自己的出家、學習、西行求法、譯經等事蹟；如今無常將至，最令他感到遺憾的是，他無法完成譯經的工作。義淨更殷切囑咐門人弟子，無論身負何職、作何佛事，都要盡心盡責；在言行修持上，務必遵循他的教誨。

當夜二更，義淨書寫遺書畢。至後夜時分，義淨在長安大薦福寺寂然而終，世壽七十九歲。隨侍在側的門人悲痛不捨，號哭不已。

門人智積等人向皇帝上奏義淨去世之事，並代師上呈義淨事先準備好的表文。

萬人送葬

太上皇李旦相當關心義淨的喪葬事宜，他等了整十日，都沒等到葬儀安排的進一步消息，於是在正月二十八日，命內侍伯趙元福前往大薦福寺宣奉詰問：「舜闍梨三藏義淨法師何日葬？於何處葬？報來。」

隔日，義淨的門人招福寺主寂法師進狀條例各項葬儀安排，並回覆說：「昨日早晨內使至寺，口宣詰問：『舜闍梨義淨三藏法師何日葬？於何處葬？報來。』者，由於正詰未行，不敢擅自決定出喪日期。」原來，太上皇李旦在等待消息的同時，義淨的門人也在等皇帝的文詰。

太上皇得到回覆後，當日即發下文詰曰：「其葬事準例，又得門人等狀，師徒至重，累劫恩深；攀號荼毒，不勝悲戀！」

義淨門人承奉恩詰，不敢再拖延時日，即錄狀進呈皇帝，請準於二月七日，於長安城延興門東陳張村閣院內下葬。

同日，中書令崔湜宣語旨：「故翻經三藏義淨宜贈鴻臚卿，賜物一百五十段。葬事量準例官供。」也就是說，義淨喪葬事宜所有開銷皆由政府支付。

正月三十日，太上皇李旦又命銀青光祿大夫、檢校中書令、太子左庶子、昭文館學士、上柱國、中山郡開國公崔湜，到大薦福寺向義淨的門人宣誥：

故三藏義淨道心惟微，德宇增峻。既韞瀉瓶之智，方通慧鏡之明。幽詣絕域，躬傳祕藏。遺文大備，比羅什之總持；析理入微，等生公之懸解。境對而現，緣離示滅。嗟法雲之無影，嘆宗師之不留。雖道門恆寂，已證無生之忍；而朝序褒賢，宜加飾終之命。可贈鴻臚卿。

二月六日出喪前夕，太上皇李旦令大內供給絹幡花等香花盤二十八車、香花樹大小十八車、幢四車、錢財四車、百尺幡并竿四口、夾侍幡八十口、四十九尺幡二十口、夾侍幡二百四十口、道場幡一百口、雜色大小幡一百口、絹四百匹、像一鋪等大量財物，並令內品官馬孝忠、掌扇劉普賜將這些物資送到大薦福寺，交給義淨的弟子崇俊等人，作為義淨葬儀之用。

二月七日出喪正日，太上皇又加贈儀[illegible]、鼓吹一部、武賁班劍八十人，並派遣使者前往弔唁。皇帝恩眷如斯，正彰顯[illegible]譯經傳法之功。

義淨的葬禮轟動長安城，城中僧俗四眾在葬儀隊[illegible]之路兩側陳設儀仗、香花等作為供養；門人弟子也從全國各地匯聚長安，眾[illegible]近萬人沿途送葬，哀戚不捨。

五月三日，義淨去世已過百日，是日舉行「卒哭」之祭。太上皇命中[illegible]蕭志忠宣誥旨：「故翻經三藏義淨宜為度一七人，仍令所司准格試。」

五月十五日，義淨的靈塔修成。銀青光祿大夫行祕書少監同安侯盧璨為義淨撰塔銘，並開業寺沙門智詳書寫碑文，塔銘題為〈大唐龍興翻經三藏義淨法師之塔銘（并序）〉：

師諱文明，字義淨，俗姓張氏，齊郡山荘人也。師特達英靈，天生慧晤。弱冠圓具，便講毘尼。慨七歲之文虧，歎五明之未具。迺裹糧負笈，躡屩擔簦。以咸亨二年，發自全齊，達於廣府，汎舶南海，達指中天。周流三十餘國，凡經二十五載，探貝葉微言四百餘部，得真容、舍利三百餘粒。傳燈願滿，振錫而還。以證聖元年屆於東洛。勅命有司具禮兼遣，洛邑僧徒出城迎，緇素駢闐延於授記之寺。尋又勅加「三藏」之號，便於福先、授記二寺翻經。神龍二年，駕幸西京，又勅薦福寺翻經。前後所翻經總一百七部，都四百二十八卷，並勅編入一切經目。而夜舟潛徙，朝景不留；奠楹之夢忽臻，曳杖之歌奄及。以先天二年正月乙丑朔十七日辛巳示疾，終於薦福譯經之院，春秋七十有九。

至乾元元年（西元七五八年），唐肅宗李亨於義淨靈塔所在之處建置金光明寺，並敕度七人安置於金光明寺，以此表彰義淨的譯經貢獻。

義淨一生共歷唐太宗、高宗、武則天、中宗、睿宗、玄宗六任皇帝，更在武則天、中宗、睿宗三位皇帝的護持下翻譯佛典。宋代僧人贊寧在《宋高僧傳．卷一．唐京兆大薦福寺義淨傳》讚曰：

譯之言易也，謂以所有易所無也。譬諸枳、橘焉，由易土而殖，橘化為枳；

枳、橘之呼雖殊，而辛芳幹葉無異。又如西域尼拘律陀樹，即東夏之楊柳；名雖不同，樹體是一。自漢至今皇宋，飜譯之人多矣。晉魏之際，唯西竺人來止，稱尼拘耳；此方參譯之士，因西僧指楊柳，始體言意。其後東僧往彼，識尼拘是東夏之柳，兩土方言一時洞了焉。唯西，唯東，二類之人未為盡善；東僧往西學盡梵書，解盡佛意，始可稱善。傳譯者，宋齊已還不無去彼迴者。若入境觀風必聞其政者，奘師、淨師為得其實。此二師者，兩全通達。其猶見璽文知是天子之書，可信也。（此指義淨為武則天解讀玉冊上書有「天冊神皇萬歲忠輔聖母長安」十二字一事。贊寧認為義淨的外語能力足以讓他解讀出玉冊的字，故這件事是可信的。）《周禮》象胥氏通夷狄之言。淨之才智可謂釋門之象胥也歟。

贊寧將義淨譯經之能等同玄奘。一代西行求法譯經高僧，誠然偉哉！

影響

壹·《大唐西域求法高僧傳》與唐代西行求法活動

或亡湌幾日，輟飲數晨，可謂思慮銷精神，憂勞排正色。致使去者數盈半百，留者僅有幾人。

根據《開元釋教錄．卷九．義淨傳》所載，義淨著有《大唐西域求法高僧傳》二卷、《南海寄歸內法傳》四卷、《別說罪要行法》一卷、《受用三水要法》一卷、《護命放生軌儀》一卷。

義淨的撰著雖然不多，但前列著作都有幸流傳至今。其中的《大唐西域求法高僧傳》和《南海寄歸內法傳》這兩部典籍，因其史料價值而備受國際矚目，陸續被翻譯成多國語言。

《大唐西域求法高僧傳》（以下簡稱《求法傳》）是義淨從印度歸國途中停留室利佛逝期間，記述大唐僧人前往印度、師子國、南海各國求法的事蹟。

此書大約完成於武周天授二年（西元六九一年），是目前已知首部彙集西行求法僧人行跡的著作。從義淨的序言可以瞭解到《求法傳》的撰述目的：

觀夫自古神州之地，輕生殉法之賓，顯法師則創闢荒途，奘法師乃中開王路。其間或西越紫塞而孤征，或南渡滄溟以單逝。莫不咸思聖跡，罄五體而歸禮；俱懷旋踵，報四恩以流望。然而勝途多難，寶處彌長；苗秀盈十而蓋多，結實罕一而全少。寔由茫茫象磧，長川吐赫日之光；浩浩鯨波，巨壑起滔天之浪。獨步鐵門之外，亘萬嶺而投身；孤漂銅柱之前，跨千江而遺命（跋南國有千江口也）。或亡飡（餐）幾日，輟飲數晨，可謂思慮銷精神，憂勞排正色。致使去者數盈半百，留者僅有幾人。設令得到西國者，以大唐無寺，飄寄棲然；為客遑遑，停託無所。遂使流離蓬轉，牢居一處。身既不安，道寧隆矣！嗚呼！實可嘉其美誠，冀傳芳於來葉。粗據聞見撰題行狀云爾。其中次第，多以去時年代近遠存亡而比先後。

義淨身為西行求法隊伍中的一員，旅途中的各種艱辛、危難，他都曾經歷；因此，義淨僅以情意深切的三百餘字序文，即道盡西行求法之不易。義淨認為，如此為法忘軀的求法精神尤為可嘉，故而撰著《求法傳》，將他在西行途中曾經遇見或聽聞的求法僧經歷記錄下來，流傳後世。

《求法傳》分上下兩卷，按照求法年代順序和籍貫，記述自唐貞觀中期至唐睿宗永昌元年（西元六八九年），共六十一位西行求法僧的事蹟。這六十一位僧人包括漢僧，以及原籍新羅、覩貨羅等地的僧人。

上卷共四十一人：太州玄照、齊州道希、齊州師鞭、新羅阿離耶跋摩、新羅慧業、新羅玄太、新羅玄恪、新羅僧人二人、覩貨羅佛陀跋摩、并州道方、并州道生、并州常慜（含常慜弟子一人）、京師末底僧訶、京師玄會、質多跋摩、吐蕃公主嬭母的子息二人、隆法師、益州明遠、益州義朗（含智岸、義玄）、益州會寧律師、交州運期、交州木叉提婆、交州窺沖、交州慧琰、信胄、愛州智行、愛州大乘燈、康國僧伽跋摩、高昌彼岸、智岸、洛陽曇潤、洛陽義輝、唐僧三人、新羅慧輪。

下卷共十五人：荊州道琳、荊州曇光、唐僧一人、荊州慧命、潤州玄逵、晉州善行、襄陽靈運、澧州僧哲（含僧哲弟子玄遊）、洛陽智弘、荊州無行、荊州法振（含荊州乘悟、梁州乘如）、澧州大津。

《求法傳》下卷末附有〈又重歸南海傳有師資四人〉一文。義淨停留室利佛逝期間，曾於永昌元年（西元六八九年）回了一趟廣州，採購譯經用品以及尋求助手。〈又重歸南海傳有師資四人〉所載四位僧人，就是隨著義淨回到室利佛逝的貞固、懷業、道宏、法朗等人。另外，義淨在〈玄逵傳〉後面簡明扼要地記述了自己的求法經歷。

《求法傳》有部分僧傳附有義淨的論贊。這些論贊以「傷曰」、「嘆曰」等形式出現。其中，「傷曰」是義淨表達他對於求法途中殉道僧人的哀悼；玄照、常慜、會寧、大乘燈、道希五人的傳記，即附有「傷曰」性質的論贊。道希的論贊並未標明「傷曰」，而是一首義淨用以表示哀悼的七言絕句。「嘆曰」僅有一則，附於〈玄逵傳〉，是義淨對玄逵西行之志未酬不幸短命的感慨之文。

除了論贊，義淨也在新羅僧人〈慧輪傳〉末介紹那爛陀等佛寺的建置和傳說。

義淨筆下的唐代西行求法盛況

義淨在《求法傳》記述的求法僧傳記數量，已超過唐代以前史料有載的西行僧傳的總和，由此可見唐代的西行求法活動之鼎盛。因此，透過義淨的《求法傳》，可以較全面地瞭解唐代求法活動。前面章節已述及大乘燈、玄照、佛陀達摩、慧輪、玄逵、善行、無行、大津、貞固、懷業、道宏、法朗等人的事蹟，在此不再贅述，以下略陳其餘僧人的求法經歷。

道希，梵名室利提婆，齊州歷城人，生於官宦之家，幼年出家，成年後經陸路前往印度。行至吐蕃遇到危難，因擔心會毀犯戒律，故而暫時捨戒，後來在印重新受持戒。據《求法傳·玄太傳》，道希在吐谷渾遇到返唐的玄太。在玄太的引領下，道希平安到達印度大覺寺，並在該寺以草隸書字刻文造了一方石碑。道希之後在印度遊歷瞻禮多處佛陀聖地，也曾居住在那爛陀寺學習大乘佛法。

離開那爛陀寺後，道希前往佛陀的涅槃處拘尸那羅城。拘尸那羅城當時屬於菴摩羅跋國的疆域，國王對道希相當敬重和厚待。道希停留拘尸那羅城期間，居住在輸婆伴娜寺學習律藏和聲明。他最後在菴摩羅跋國患病去世，終年五十餘歲。

義淨到那爛陀寺時，道希已經亡故，他從大唐帶到印度的漢譯經論四百餘卷仍保存在那爛陀寺。義淨後來在遊歷時見道希曾經居住的僧房，一時感懷，寫了首七言詩：

百苦亡勞獨進影，四恩存念契流通；
如何未盡傳燈志，溘然於此遇途窮。

師鞭是齊州人，擅習咒語，通曉梵語。師鞭與末底僧訶結伴同往印度，在北印度遇到第二次到訪印度的玄照，與玄照一同前往西印度。後來又到菴摩羅跋國，受到菴摩羅跋國國王的敬重，被安置在王寺。當時道希亦住在王寺，兩位大唐僧人相見甚歡，互申鄉土之好。師鞭在王寺住了不到一年就因病身亡，年僅三十五歲。

阿離耶跋摩是新羅（位於今日朝鮮半島上的古國之一）人。貞觀年間從長安出發至王舍城。阿離耶跋摩除了遊歷聖地，也住在那爛陀寺研習律論和抄寫各類經典。以七十餘歲終於那爛陀寺。

慧業也是新羅人。在貞觀年間到印度，以菩提寺為據點遊歷聖地，之後留在那爛陀聽讀。義淨在那爛陀寺檢閱唐本真諦所譯《攝大乘論》時，看到論上記有「在佛齒木樹下新羅僧慧業寫記」的文字。佛齒木樹位於那爛陀寺根本殿西，也就是慧業在那爛陀寺寫記的所在。義淨詢問那爛陀寺僧關於慧業的情況，才得知慧業已於寺中圓寂，終年六十餘歲。慧業所抄寫的梵本尚留在那爛陀寺。

另有新羅僧人玄太，梵名薩婆慎若提婆，於永徽年間取吐蕃道西行，經泥波羅（今尼泊爾）到中印度，禮菩提樹，詳檢經論。之後玄太循原路東返，行至吐谷渾時，遇到往印度途中的道希。玄太遂為道希引路，折返大覺寺。義淨聽說玄太平安回到大唐，後來行蹤不明。

玄恪也是新羅人。貞觀年間，與第一次去印度的玄照結伴而行，至大覺寺。可惜不久後就患病身亡，年約四十。

復有新羅僧二人，名諱不詳。兩人是從長安出發，循水路揚帆南海，抵達室利佛逝西部的婆魯師。後來兩人遇疾俱亡。

道方是并州（今山西太原）人。道方從陸路出發印度，穿越沙漠經泥波羅至大覺寺。道方在大覺寺獲得「主人」的待遇。據〈無行傳〉，無行和智弘蒙國家安置在大覺寺，也獲得「主人」的身分。義淨云：「西國主人稍難得也。若其得主，則眾事皆同如也。為客但食而已。」可見「主人」是相對於「客」而言。若為「主人」，所有待遇皆如同寺僧，而客僧則只能獲得飲食而已。

道方於大覺寺居住數年後，還向泥波羅。義淨撰寫《求法傳》時道方還在世，他說道方「既虧戒檢，不習經書，年將老矣。」言語中批判之意明顯。

又有并州僧人道生，梵名旃達羅提婆，貞觀末年經吐蕃路到印度。道生先是到菩提迦耶大菩提寺禮拜佛塔，後在那爛陀寺學習，深受菴摩羅跋國拘摩羅王（意譯「童子王」）所禮敬。後來，道生前往那爛陀寺東方約三百六十里處的一所王寺，此王寺習小乘法。道生於此寺停住多年，修學小乘三藏。後攜帶經典、佛像返國，行至泥波羅染疾而卒，終年約四十歲。

常慜，并州人。出家之後專志修習淨土法門，稱念佛號，發大誓願，求生極樂世界。遊學洛陽期間仍專崇淨土，因有所感應，遂發願書寫萬卷《般若經》，並以此書寫功德，祈求能夠前往印度瞻禮如來聖跡，願以禮拜功德迴向往生淨土。故而上書請於全國各州教化、抄寫《般若經》。誠心所致，所請獲允，遂南遊江表，虔心抄寫《般若經》以報天恩。書寫《般若經》的心願圓滿後，常慜準備前往印度。

他先是乘商船往訶陵國，再從訶陵轉往末羅瑜國。隨後又從末羅瑜搭商船往印度。航行途中因商船超重，揚帆離港不久遭到海浪衝擊，開始入水沉沒。因為逃生小船數量不足，船上商人爭相搶奪登船的機會。船主是佛教徒，高聲呼叫常慜上船。常慜應道：「載其他人吧，我不去了。」然後合掌面向西方，稱念阿彌陀佛聖號。念佛聲中，常慜隨著商船沉入海中，時年五十餘歲。隨行弟子一人，名諱不詳，也跟隨師父稱念佛號沉海而亡。

義淨敬佩常慜的菩薩行徑，特於傳後讚悼曰：

悼矣偉人，為物流身。明同水鏡，貴等和珍。涅而不黑，磨而不磷。投軀慧巘，養智芳津。在自國而弘自業，適他土而作他因。覩將沉之險難，決於己而亡親。在物常慜，子其寡隣。穢體散鯨波以取滅，淨願詣安養而流神。道乎不昧，德也寧湮。布慈光之赫赫，竟塵劫而新新。

末底僧訶是京師長安人，俗姓皇甫，名諱不詳。與師鞭同遊印度，俱到中印度菴摩羅跋國信者寺。末底僧訶信者寺僅學梵語，未習經論。後在返唐途中，在泥波羅國時因病身亡，年四十餘歲。

玄會，京師長安人，經陸路抵達北印度的羯濕彌羅國。玄會為羯濕彌羅王所賞識，獲賜乘王象，並奏王樂相迎。玄會駐錫羯濕彌羅國期間，每日都到龍池山寺供養。相傳羯濕彌羅國原是龍池；佛滅後五十年，阿難尊者的弟子末田底迦阿羅漢來到此地，度化龍王。龍王以龍池地作為供養，並誓願供養五百阿羅漢直至佛法滅盡。龍池山寺即五百羅漢受供之處。

羯濕彌羅王受到玄會的教化，大赦全國，並釋放全部死囚千餘人。如是出入王宮約一年，後因失意，遂離開羯濕彌羅南下參禮大覺寺、鷲峯山等佛教聖地。之後循陸北返，途經泥波羅不幸身亡，年僅三十出頭。

復有一人隨唐使經北道至縛渴羅國，於小乘道場新寺出家，名質多跋摩。質多跋摩因將要受具戒，故而決定不吃三淨肉。然而，質多跋摩的師父認為，肉是佛陀允許食用的五正食（註一）之一，食之無罪，故而問質多跋摩為何不吃。質多跋摩回答說：「諸大乘經具有令制，是所舊習，性不能改。」質多跋摩是秉持大乘慈心不殺的精神，堅持不食肉；但他的師父是小乘師，聽了質多跋摩的回答後，即告訴他說：「我所依據的三藏律典既有成科，而你所言非我所學。若你心中持有別的見解，那我就不是你的師長。」質多跋摩為了能夠受具足戒，只得含著淚強行逼迫自己吃肉。質多跋摩後來從北路返回大唐，之後的行蹤則不得而知。

又有文成公主乳娘的兒子二人，停留在泥波羅國天王寺。兩人最初皆為僧人，後來其中一人還俗。善梵語和梵書，分別年約三十五和二十五歲。

隆法師，籍貫不明。貞觀年間經北道抵達印度，誦得梵本《法華經》。後來在健陀羅國（Gandhāra，位於現今阿富汗東部和巴基斯坦西北部）遇疾而亡。

明遠，梵名振多提婆，益州清城（今四川都江堰市）人，幼年出家。先是在「七澤」遊歷，後於「三吳」之地（註二）參學。解門以經、論研習重心，尤善《中論》、《百論》；行門則專志習定，後隱居廬山靜修。

明遠因感慨佛法的衰微，遂振錫南下，從交阯（今越南北部紅河三角洲一帶）乘舶出海。明遠先到訶陵國，後至師子國，在師子國受到國王的禮敬。師子國有佛牙舍利，明遠欲將佛牙帶歸大唐供奉；或許是請得不易，故而私自潛入佛牙閣拿取。誰知佛牙剛得手，就被奪了回去。

義淨是從師子國人口中得知明遠私取舍利之事。佛牙舍利每日都有香花遍覆作為供養；瞻禮者若至心祈請，佛牙則會顯現在花上，或者是發出異光。義淨並不太相信明遠能取得舍利一事。因為，傳說師子國若失去佛牙，整個師子國將會被羅剎所吞食；為了防止此患，供奉佛牙的樓閣不僅有護衛巡守，還設有門關好幾重，每一所門鎖皆有五位官員共同封印的泥封；此外，每開一扇門都會發出巨響，傳徹全城。如此防護嚴密的樓客，一般人如何能潛入盜取呢？更何況，舍利的感通是聖力所致，豈是人事所能非分強求。

明遠因為不能如願取得舍利，再加上或許因東窗事發後受到侮辱，遂離開師子國轉向南印度，後來就沒有他的消息。

義朗，益州成都（今四川成都市）人，弱冠出家習法，嫻熟律典和《瑜伽》

論義。義朗與益州僧人智岸，以及同為弱冠出家的弟弟義玄，為瞻禮聖跡，遂結伴同往印度。

三人選擇循海路西行，至陸州沿岸城市烏雷縣（今廣西欽州市），搭乘商船出海。商船一路南下，越過扶南國（今東埔寨全境、寮國、越南南部、泰國東南部），在郎迦戍（今泰國北大年至馬來西亞吉打州北部）靠岸。郎迦戍國王以上賓之禮接待義朗等人。不幸的是，智岸在當地患病身亡。義朗懷著死別的遺憾，與弟弟義玄登上開往師子國的商船，繼續行程。

義朗與義玄抵達師子國頂禮佛牙舍利，之後前往印度，當時兩人大約四十餘歲。義淨在中印度遊歷時未曾聽聞兩人的事蹟；依推測，兩人離開師子國後，可能不幸命喪途中。

另有益州成都僧人會寧，年少出家，專精律典，略通經論。麟德年間（西元六六四至六六五年）泛舶南海，至訶陵國。會寧在訶陵停留了三年，期間與該國多聞僧人若那跋陀羅（漢譯「智賢」）共同摘譯《阿笈摩經》（梵語

āgama，又音譯「阿含」）中記載如來涅槃焚身等內容（現存即《大般涅槃經後分》二卷）。經文譯成後，會寧將奏表連同新譯經典托付交州（今越南河內）僧人運期帶回大唐。

運期是與曇潤結伴離開大唐遊歷到訶陵，運期在訶陵依若那跋陀羅受具足戒。會寧與若那跋陀羅共同譯經，故而認識了運期。運期接受會寧的囑托返抵交州，馳驛北上京城長安，將新經和奏表上呈皇帝，希望這部漢地所缺的經典得以流布華夏。運期完成任務後即回到交州，再從交州重返訶陵，與若那跋陀羅和會寧報告送經返唐的事。之後，會寧繼續行程前往印度。

義淨在印度未曾尋得會寧的蹤影，認為會寧可能已亡故，年僅三十四、五歲。運期則在南海各國遊歷了十餘年，習得崑崙語和梵語。義淨返唐途中駐錫室利佛逝時，年約四十的運期已還俗並定居當地。

又有交州僧人木叉提婆，唐云「解脫天」，原名不詳。循水路往印度，一路遊歷南海各國。抵達印度後，遍禮菩提迦耶大覺寺等聖蹤。逝於印度，年僅

二十四、五。

窺沖，交州人，梵名質呾囉提婆。與師父明遠泛船南海到師子國。後來明遠往南印度，而窺沖則去西印度。在西印度，窺沖遇見第二次赴印的玄照，與之共詣中印度。窺沖擅長印度讚咏之法，每至一處即恆編演唱。可惜，窺沖在禮畢菩提樹，到王舍城竹園時，因病滯留當地，後不治身亡，年三十許。

慧琰，交州人，無行的弟子。慧琰隨師到師子國後，停留在當地，未再隨師繼續前往印度，後生死不明。

設唎陀跋摩，唐云「信胄」，籍貫不詳；經由陸路北道西行，遊歷印度瞻禮聖跡，後至中印度菴摩羅跋國，居信者寺。信胄於信者寺上層建造磚閣，並於閣內施上等臥具永作供養。後來，信胄在信者寺患病，數日後突然失去生命跡象。到了夜中，忽又醒過來說有菩薩來迎，隨即起身端坐，端居合掌，嘆了一口氣就去世了。終年三十五歲。

智行，梵名般若提婆，唐云「慧天」，愛州（今越南清化一帶）人。循海路經南海往詣印度。遊歷瞻禮至菴摩羅跋國，居信者寺而卒，年約五十有餘。

僧伽跋摩，西域康國（今烏茲別克撒馬爾罕市）人。年少時穿越沙漠到長安遊歷。僧伽跋摩戒行清淨、嚴謹，因慈悲故，常行布施。顯慶年間（西元六五六年至六六一年）奉敕與唐使往赴印度，於菩提迦耶大覺寺金剛座廣興薦設，舉行連續七日七夜的燃燈供佛大法會，並於寺內無憂樹下雕刻佛像及觀音像。

僧伽跋摩返回大唐後，又奉敕前往交州採藥。當時交州正鬧饑荒，僧伽跋摩每日想盡辦法籌糧賑濟災民，心中更因不捨百姓受苦而悲泣落淚，時人因此稱之為「常啼菩薩」。後來患病身亡，年六十餘歲。

彼岸、智岸，高昌（今新疆吐魯番）人，年少時移居長安。兩人皆心懷弘傳佛法之心，故而出家為僧，沉心法義。彼岸與智岸為了到中印度遊歷、考察，攜帶著漢譯《瑜伽師地論》等經論，隨唐使王玄廓一同揚帆出海。二人先後在航海途中病故，所齎漢本典籍皆留在室利佛逝。

曇潤，洛陽人，擅長咒術，除了研習佛法和律典等內學，還學習五明中的醫明。曇潤注重儀表，為人處事極其謹慎、周密。在南方弘化，逐漸行腳至交州。曇潤駐錫交州弘化數年，僧俗皆敬慕其教化。後從交州出發，循海路去往印度，至訶陵國北邊的渤盆國（今印尼加里曼丹〔Kalimantan〕南部）遇疾而亡，終年三十。

義輝，洛陽人，博學聰慧，於《攝大乘論》、《俱舍論》等論義頗有成就。義輝在習論的過程中發現各種詮說不一致，內容亦有所參雜，心中因此生起到印度翻閱梵本、聽習論義的想法，遂循海路西行。可惜，行至郎迦戍國就患病去世，年三十餘歲。

又有唐僧三人，從陸路北道到烏長那國（今巴基斯坦斯瓦特縣〔Swat District〕）。義淨從烏長那僧人口中得知三人曾到西北印迦畢試國（今阿富汗帕爾旺省巴格拉姆〔Bagram〕）佛頂骨處朝禮，之後行蹤、生死不明。

道琳，梵名尸羅鉢頗，唐云「戒光」，荊州江陵（今湖北江陵）人。弱冠出家，成年後出外遊學，尋師訪友；習禪修定，學律持戒，謹守常坐不臥、每日一食等頭陀行。因感慨佛教傳入華夏多年，而禪法仍缺，律典不全，欲往佛教的發源地求法。

道琳乘船沿著林邑海岸航行。沿途先後停駐郎迦戍、訶陵、裸人等國，所到之處皆受到該國國王厚待。如是數年，方抵達東印度耽摩立底國。

道琳在耽摩立底國除了學習梵語，習禪修慧，更投入咒藏的修習。為了學習說一切有部的律法，遂道琳捨去於大唐所受比丘戒，重新受持說一切有部律。三年後，道琳離開耽摩立底國，往詣中印度菩提迦耶朝禮金剛座、菩提樹。之後在那爛陀寺留學數年，搜集、閱覽大乘經論，尤鍾情於《俱舍論》。

離開那爛陀寺後，道琳繼續朝禮王舍城靈鷲山、婆羅門嘗試杖量佛陀身量的洩瑟知林、拘尸那羅城佛涅槃處，而後又往南印度遊歷，接著轉往西印度羅荼國。

相傳，龍樹的弟子難陀曾在西印度專心持咒十二年，甚得感應；每到食時，食物會從天而降；又誦咒祈求如意寶瓶，也能如願獲瓶，並於瓶中得經，而咒結則瓶去。難陀為了避免明咒失佚，遂予整理、結集成一萬兩千頌，成一家之言，每一頌內離合咒印之文。雖然咒印之文的字形、發音與一般文字相同，但其涵義和作用卻是有別於一般文字；因此，若非經由師長口傳相授，則無法理解明白。

當時大唐並未流傳咒藏，道琳志心明咒，故而前往西印度尋訪，並設立壇場，修持明咒。義淨在那爛陀寺留學時，看到咒藏中云：「昇天乘龍，役使百神；利生之道，唯咒是親。」遂對於明咒也心有所慕，經常進入壇場修習明咒。然而，下了功夫卻未能獲得相應的成就，才止息了那分心。

道琳在羅荼國停居數年後方離開西印度，轉向北天竺迦濕羅遊歷；接著往烏長那國尋訪禪法，搜求《般若經》；又往迦畢試國瞻禮佛陀頂骨舍利。

義淨是在印度聞知道琳的事蹟，所知止於迦畢試國。後來，義淨返國停留羯荼國時遇到北方胡僧，胡僧告訴義淨他在胡國遇見過兩位唐僧；從他的描述中推測，應是道琳和智弘二人。兩人結伴返唐，行至胡國，聽聞前方道路盜賊猖獗，遂折返北天竺。義淨估算，道琳當時應該有五十多歲。

曇光，荊州江陵人。出家後前往長安遊學，是誠律師弟子。曇光內外兼學，戒行清淨、嚴謹；具文才，擅長談經論道。從海路至東印度東部的訶利鷄羅國。後行蹤不明。

又義淨從訶利鷄羅國僧處聽聞，有一位年餘五十的唐僧，深受訶利鷄羅國王敬重，權重一寺，身邊攜有不少經典、佛像，喜歡以鞭、杖打人。後來在訶利鷄羅國患病身亡。

慧命，荊州江陵人，內外兼學，戒行清淨。因心慕佛國聖跡，泛船南海，行至占波（今越南中部一帶）（註三）沿岸時，遇到風襲，屢遭艱苦。幸好平安抵達東漢馬援於林邑立銅柱之處，而後北上停息比景，等恢復元氣後，隨即返回大唐。

靈運，梵名般若提婆，襄陽（今湖北襄陽市）人。為了尋訪聖跡與僧哲經南海往詣印度，所到之處皆受到君王的禮敬。他將那爛陀的彌勒像、菩提樹，以相同的尺寸繪製畫像，攜歸大唐。靈運嫻熟梵語，更以利益眾生為己志；平安歸國後，即廣興佛事，翻譯經典。

僧哲，澧州（今湖南澧縣一帶）人。幼年出家，學兼內外。內學尤諳《中論》、《百論》；外學則通《莊子》、《淮南子》。持律習禪，而思慕聖蹤，故經南海往詣天竺。同行者有高麗人玄遊，為僧哲的在家弟子。後來玄遊在師子國出家，並在當地定居。僧哲到了印度後隨緣遊化，後至東印度三摩呾吒國（今恆河三角洲一帶）。

三摩呾吒國國王曷羅社跋乇敬信三寶，為大鄔波索迦（梵語 Upāsaka，又譯為優婆塞），每日造泥脫模泥塑佛像十萬尊，誦讀《大般若經》十萬頌。又以十萬鮮花親自供養，所呈獻的供品堆積得像人那麼高。國王出行時，觀音像、佛像、僧侶先發前行，幡旗之多足以遮日，鼓樂之響透徹雲霄，國王則在末後隨行。王城內的僧尼多達四千餘人，而且都受國王供養。每天朝會時，國王會先派遣使者到各寺，快速於每間僧房前合掌問曰：「大王奉問法師等宿夜得安和不？」房內僧人回覆曰：「願大王無病長壽，國祚安寧！」使者回宮覆命後，國王才開始與眾臣商議國事。

由於曷羅社跋乇王賢名在外，三摩呾吒國內不僅僧伽人數眾多，五天竺眾多博學具德、精通十八部經、五明大論的外道，也都雲集於三摩呾吒國。僧哲住在王寺特別受到禮遇，每日寄情於梵本佛典中頗有增益。義淨遊歷印度時未曾與僧哲相遇，僅聽聞到僧哲的事蹟，得知他還在世，年約四十餘歲。

智弘，洛陽人，為貞觀至顯慶年間數次出使印度的唐使王玄策之侄。二十歲時，因嚮往山林恬靜的生活，因而隱居少室山。平日裡好樂誦讀佛經，漸漸地萌生出家之心；於是南下江南，依瑳禪師披剃出家。數年後出外參學，相繼依蘄州（今湖北黃岡一帶）弘忍、寂禪師習禪。後欲往印度瞻禮聖地，又正好結識到同樣懷有西行之志的無行，遂結伴同往印度。

智弘與無行等人來到臨海縣城合浦（今廣西合浦縣），搭船出海，結果因風向不對，船隻被吹回上景沿岸，無奈之下只好登岸。智弘等人決定北上折返交州。眾人在交州停留了數月，至冬末又轉往海濱神灣（地理位置不詳），隨船出海來到室利佛逝。智弘從室利佛逝至印度大覺寺以前的行程、經歷與無行相同，因此義淨在智弘傳中不再重複敘述。

智弘熟諳印度的聲論和梵字的書寫。他在大覺寺住了兩年，期間除了每日誦讀梵本，亦潛心修習律儀和論典，其中尤通《俱舍》、因明。後來，到那爛陀寺披閱大乘經典，復又轉往菴摩羅跋國，住信者寺鑽研小乘教法。之後，智弘依名德重新受戒，行頭陀法，並聽習德光（梵語 Guṇaprabha 的意譯，音譯瞿拏鉢刺婆）所製《律經》（梵語 Vinayasūtra），且隨聽隨譯。

智弘在印度遍禮王舍城、靈鷲山、鹿野苑、祇園等聖地和佛寺，在中印度住了將近八年，而後去往北天竺羯濕彌羅。義淨從胡僧口中聽聞，智弘與道琳結伴循陸路返國，後因盜賊猖獗，折返北印度，之後行蹤不明。

法振，荊州人。精勤持戒、習禪、修福；品行高尚，法侶欽敬。法振原是隱居山水之間，每日諷誦經、律。因希冀朝禮聖跡，與荊州僧乘悟、梁州僧乘如結伴同往印度。三人從交州出發，揚帆南海，一路巡歷各國，逐漸來到羯荼。不幸的是，法振到羯荼不久就患病去世，終年三十五、六。

法振因病驟逝，乘悟和乘如也無心繼續行程，遂搭船還返大唐。行至瞻波，眼看就快到交州了，乘悟亦不幸身故。三人同行，唯獨乘如平安歸國。

《大唐西域求法高僧傳》的史料價值

《求法傳》不僅呈現了唐代求法活動的盛況，以及諸位求法師的事蹟，同時也讓讀者能夠從其他面向去瞭解唐代的求法運動。

西行求法的交通路線

大唐與印度之間的往來交通共有水、陸兩路。道宣所編撰的《釋迦方志・遺跡篇》（以下簡稱《遺跡篇》）記述了去往印度的三條陸路以及沿途所經過的國家和佛教勝跡。道宣所記三條路線分別是東道、中道、北道。

一、東道

東道是從河州（今甘肅臨夏回族自治州）西北渡越黃河，上曼天嶺，之後大約四百里的路程行至鄯州（今青海海東市）。又往西約百里至鄯城（今青海西寧市）。又往西南約百里至故承風戍（今青海海南藏族自治州共和縣）。又往西約二百里至清海（今青海湖）。又往西南至白蘭羌（今青海南部）。又往西南至蘇毗國（今西藏那曲市一帶）。又往西南至敢國（不詳何地）。又往南偏東至吐蕃國。又往西南至小羊同國（今西藏日喀則市吉隆縣一帶）。又往西南越吐蕃南界的呾倉去關（一指今西藏吉隆縣孔搪拉姆山口）。又往東偏南從末上加三鼻關的東南方入山谷，翻越一段險峻的山路、棧道。如此於山野行走約四十餘日，即可抵達距離吐蕃大約九千里的北印度泥波羅國。

二、中道

其次是中道。中道是從鄯州東川前行百餘里，然後北出六百餘里至涼州（今甘肅武威涼州區）。從涼州向西少偏北方行四百七十里至甘州（今甘肅張掖甘州區）。又往西四百里至肅州（今甘肅酒泉肅州區）。又往西少偏北七十五里至南北山間的玉門關。又往西約四百里至瓜州（今甘肅酒泉瓜州縣）。又往西南進入沙漠三百餘里至沙州（今甘肅酒泉敦煌市）。又往西南入沙漠七百餘里至納縛波故國。此處亦就是樓蘭故地（今新疆巴音郭楞蒙古自治州若羌縣）。又往西南千餘里至析摩陀那故國（又稱且末，今新疆巴音郭楞蒙古自治州且末縣）。又往西六百餘里至都羅故國（不詳何地）。又往西入大流沙，行四百餘里至瞿薩呾那國（又稱于闐，今新疆和田地區）東境。此處有城名尼壤（今新疆和田地區民豐縣）。從尼壤城至媲摩川二百餘里，有媲摩城（今新疆和田地區策勒縣）。又於媲摩城西行三百三十里方至瞿薩呾那國王都。從王都往西翻越山谷，行八百餘里至斫句迦國（又稱沮渠，今新疆喀什地區葉城縣）南境。又往北約三百里方至斫句迦國都城。又從斫句迦國西北登上大沙嶺，渡越徙多河（今新疆葉爾羌河）五百餘里至佉沙國（又稱疏勒，今新疆喀什地區喀什市）。從此南行山野、石礫淺灘五百餘里至烏鎩國（又稱莎車，今新疆喀什地區莎車縣）。

從烏鎩國都城往西渡河，登上蔥嶺（今帕米爾高原）東崗，行八百餘里至福舍。福舍，梵語 puṇyaśālā，音譯奔攘舍羅。據《大唐西域記》，福舍的設置主要是布施貧困者醫藥、食物，亦供旅人停留休整。離開福舍往西南，翻越大嶺至朅盤陀國（今新疆喀什地區塔什庫爾干塔吉克自治縣）。又往西北行三百餘里方至朅盤陀國王都。又往西偏南登山，行走於冰雪上約五百餘里至波謎羅川。此川位於大蔥嶺上，是贍部洲最高之處。又從波謎羅川西南方入山險，行七百餘里至商彌國（今巴基斯坦契特拉〔Chitral〕）。又往北翻越達摩悉帝大石山至尸棄尼國（今塔吉克斯坦戈爾諾巴達赫尚自治州舒格南〔Shugnanskij〕）。又往南渡越山河，來到位於覩貨羅故地的達摩鐵悉帝國（今阿富汗巴達赫尚省瓦罕〔Wakhan〕）。又往西南登山入谷五百餘里至屈浪拏國故地（今阿富汗巴達赫尚省庫蘭瓦蒙詹〔Kuran wa Munjan〕）。又往西北越嶺三百餘里至淫薄健國故地（今阿富汗巴達赫尚省朱爾姆〔Jurm〕）。又往西北山谷行進二百餘里至鉢鐸創那國故地（今阿富汗巴達赫尚省錫克南〔Shighnan〕）。在山谷中西行二百餘里至呬摩呾羅國故地（今阿富汗巴達赫尚省費扎巴德〔Fayzabad〕）。又往西翻越山谷三百餘里至訖栗瑟摩國故地（今阿富汗巴達赫尚省凱謝姆〔Kishim〕）。又從訖栗國西越峻入洞，經川城三百餘里至瞢健國故地（今阿富汗昆都士省汗阿巴德〔Khanabad〕）。

從瞢健國西行百餘里出蔥嶺西頭，沿著山勢而下至活國故地（今阿富汗昆都士省昆都士〔Kunduz〕）。又往西四五百里至縛喝國（今阿富汗巴爾赫省巴爾赫〔Balkh〕）。又從該國東南方越山谷諸城三百餘里至闊悉多國故地（今阿富汗境內，確切位置不詳）。又從東南方入谷翻越山嶺，經諸小城四百餘里至安呾羅縛國（今阿富汗薩爾普勒省巴爾卡〔Balkhab〕）。又從安呾羅縛國西南方登上大雪山婆羅犀羅嶺（今阿富汗巴格蘭省境內與都庫什山的山嶺）東頭，行進三日至極頂。又沿著山嶺而下，行進三日，山勢極峻、曲谷鑿冰而渡。又往西經迦畢式國（今阿富汗帕爾旺省巴格拉姆〔Bagram〕）邊城數十座小城。又往西南數百里方至迦畢式國王都。又往西偏南一千三百里，越山川至弗栗恃薩儻那國（今阿富汗喀布爾省喀布爾市〔Kabul〕）。從此國南行五百餘里至漕矩吒國（今阿富汗加茲尼省德雅克〔Dih Yak〕）。又從漕矩吒國王城東南方行二千餘里至印度西北邊境的伐剌拏國（今巴基斯坦開伯爾普什圖省本努〔Bannu〕）。

三、北道

最後是北道。經北道入印度，是從京師長安往西北行進三千三百餘里至瓜州。又往西北三百餘里至莫賀延磧口（今新疆哈密地區哈密市）。又往西北八百餘里出莫賀延磧至柔遠縣（今新疆哈密地區哈密市）。又往西南百六十里至伊州。又往西七百餘里至蒲昌縣（今新疆吐魯番市鄯善縣）。又往西百餘里來到位於高昌故地的西洲（轄域包括現今新疆吐魯番市託克遜、鄯善縣等地）。又往西七百餘里至阿耆尼國（今新疆巴音郭楞蒙古自治州和碩縣）。又往西南行二百餘里，翻越一座小山，渡越兩條大河，川行七百餘里至屈支國（又稱龜茲，今新疆阿克蘇地區庫車縣）。又往西經小沙漠六百餘里至跋祿迦國（今新疆阿克蘇、溫宿一帶）。又往西北行三百餘里越石磧至凌山，即蔥嶺北原。又自西循山行進四百餘里至大清池（又名熱海，今吉爾吉斯伊塞克湖〔Issyk-Kul Lake〕）。又往西北五百餘里至素葉水城（又稱碎葉城，今吉爾吉斯楚河州托克馬克市〔Tokmok〕一帶）。又往西四百餘里至千泉（今吉爾吉斯楚河州潘菲洛夫〔Panfilov〕）。又往西百五十里至呾邏私城（今哈薩克江布爾州塔拉茲〔Taraz〕）。又往西南二百餘里至恭敬城（今烏茲別克塔什干州奇爾奇克〔Chirchiq〕）。又往南五十里至笯赤建國（今烏茲別克安集延州索諾巴德〔Xonobod〕）。又往西二百餘里至赭時國（今烏茲別克塔什干米拉巴德〔Mirobod〕）。又往東南千餘里至悚捍國（亦作怖捍、鏺汗，今烏茲別克費爾干納州的Dang'ara）。又往西行千餘里至窣覩利瑟那國（今塔吉克索格特州的Ura-Tjube）。

往西北進入大沙漠，約五百餘里至颯末建國（今烏茲別克撒馬爾罕州撒馬爾罕〔Samarqand/Samarkand〕）。又從颯末建國西南行三百餘里至羯霜那國（今烏茲別克卡什卡達里亞州沙赫里薩布茲〔Shahrisabz〕）。又往西南二百餘里入大山。在山中往東南行進三百餘里至鐵門關（今烏茲別克蘇爾漢河州博依孫〔Boysun〕）。鐵門關外有縛芻河（今阿姆河〔Amu River〕）。縛芻河廣大流域周邊共有二十七國，南邊即覩貨羅國故地，越過此河往南即是達摩鐵悉帝等國，也就是前述中道所經之地。從鐵門關往南偏東五百餘里至縛伽浪國（今阿富汗巴爾赫省霍勒姆〔Khulm〕）。又往南至紇露悉泯健國（今阿富汗薩曼甘省艾巴克〔Aybak〕）。又往西北至忽懍國（今阿富汗巴爾赫省霍勒姆〔Khulm〕）。又往西至縛喝國。又從縛喝國南百餘里至揭職國（今阿富汗薩爾普勒省的 Sozma Qala）。從揭職國東南方入大雪山，行六百餘里出覩貨羅故地，抵達梵衍那國（今阿富汗巴米揚省巴米揚〔Bamyan〕）。梵衍那國位處雪山中，都城依山險而建。大雪山往東至小川澤再東入雪山，翻越黑嶺（大雪山別名）至迦畢試國。距離迦畢試國都城西北方約二百餘里的大雪山頂有一座龍池。又從龍池東行六百餘里翻越雪山至印度西北方的濫波國（今阿富汗拉格曼省米特拉姆〔Mihtarlam〕）。

從〈遺跡篇〉的記述來看，東道是從現今的甘肅經青海、西藏到尼泊爾。此一通往印度的路線今人或稱之為「唐竺古道」，為大唐往吐蕃的「唐尼古道」，以及吐蕃往尼泊爾的「蕃尼古道」的合稱。唐竺古道興於唐初，緣於大唐和吐蕃邦交的關係，兩國使者互通兩地皆走此路，因而唐初的西行僧人循陸路赴印亦多經由此路。

《求法傳》中稱唐竺古道為吐蕃道；玄照第一次往返以及第二次去程，走的就是吐蕃道。不過，去程時吐蕃之前的路段走得較曲折，不全是〈遺跡篇〉所描述的路線。除了玄照以外，去程或返程經東道者，有道希、師鞭、玄太、玄恪、道方、道生、末底僧訶、玄會等人。

至於中道和北道，據〈遺跡篇〉的描述，兩路皆是經河西走廊離開大唐。出關後的路線以帕米爾高原為分界線。中道是從新疆喀什地區進入帕米爾高原東嶺，而後一路往西南翻越帕米爾高原，再經阿富汗、巴基斯坦，從西北印進入印度；北道則是循著帕米爾高原北方，經吉爾吉斯、哈薩克、烏茲別克、阿富汗，再翻越興都庫什山進入西北印。玄奘西行求法，去程所走即是北道，回程則是走中道。北、中兩道抵達印度前的交匯點是迦畢試國。此國是翻越大雪山後的必經之國。

《求法傳》中也有「北道」或「北路」。確切記載經由北道往返的求法僧有質多跋摩、隆法師、信胄以及無名唐僧三人。然而《求法傳》並沒有詳細描述北道所經之地，僅在〈質多跋摩傳〉中提到「與北道使人相逐至縛渴羅國」，而〈遺跡篇〉中無論是中道或北道，都會經過縛渴（喝）羅國。

此外，《求法傳》並未記有從中道往返漢印來地者，故而《求法傳》的「北道」除了是〈遺跡篇〉的北道，也很可能是統稱從印度北方陸路返回大唐的路線。

從大唐來往印度的交通路線除了陸路以外，還有海路。海路是從廣州、交州等沿海港口城市乘船，經南海、馬六甲海峽、安達曼海、孟加拉灣抵達東、西印的港口地市，或是先抵達斯里蘭卡，再從南印度登岸往北印度行進。前面的章節已詳細說明各段海路，在此不再贅述。

《求法傳》中走海路的求法僧分別有無名新羅僧兩人、常慜、常慜的弟子、明遠、義朗、智岸（益州）、義玄、會寧、運期、木叉提婆、窺沖、慧琰、智行、大乘燈、彼岸、智岸（高昌）、曇潤、義輝、道琳、曇光、慧命、義淨、善行、靈運、僧哲、玄遊、智弘、無行、法振、乘悟、乘如、大津、貞固、懷業、道宏、法朗。

《求法傳》中，包括義淨在內的六十一位傳主，除了旅行路線不明者，循陸路西行者有十五人，返程經陸路者有八人；走海路赴印者有三十六人，從海路還返者有九人。《求法傳》主要是以傳主出發時間為排列順序，前二十名傳主啟程時間為貞觀中後期至麟德年間（西元六六四至六六五年），往返路線以陸路的東路為主。自二十一名之後，大部分傳主選擇以海路往返，雖有少數幾人仍走陸路，卻已然改走北道。從歷史的發展來看，唐僧西行路線逐漸從陸路轉移到海路，與陸路政治環境的改變有莫大關係。

貞觀十五年（西元六四一年），太宗將文成公主賜嫁吐蕃贊普松贊干布，大唐與吐蕃建立邦交，相互通使，和平往來。西元六五〇年（唐高宗永徽元年），松贊干布去世，年幼的孫子芒松芒贊繼位，大相噶爾東贊域松贊輔政，成為實際的掌權者。西元六六三年，吐蕃攻佔大唐屬國吐谷渾，開始以軍事力量與大唐爭奪對西域的控制權，兩國關係惡化，陸路東道因此中斷。雖然陸路仍有北道和中道可以選擇，然而七世紀末，正是伊斯蘭政權白衣大食向中亞擴張的高峰時期，北、中兩道通往印度的部分地區，逐漸被白衣大食所掌控，北、中兩道也不再安全。

相反的，唐代海上商路發達，與南海室利佛逝等國又有良好的朝貢貿易關係，故自麟德年始，求法僧選擇相對安全的海路前往印度。

西行求法的風險和考驗

義淨〈取經詩〉其中兩句云：「去人成百歸無十，後者安知前者難」。何以求法人員折損率如此高？他們在旅途中到底遭受怎樣的危難？義淨在〈求法傳〉中即告訴了世人，西行旅途造成大量傷亡的原因以及會面臨怎樣的險難。

一、路途險峻

無論是從陸路或者是海路往來大唐和印度，都不是平坦無礙的道路。如東道進入印度泥波羅國以前，有一段中長達四十多日路程險峻山路和棧道，據〈玄照傳〉的描述「崎嶇棧道之側，曳半影而斜通；搖泊繩橋之下，沒全軀以傍渡」，可見其險。而北道和中道則需要面臨沙漠的沙塵暴的風險，以及日夜溫差距大的考驗。若不幸迷路，則很可能因失去水源而命喪黃沙。越過沙漠後，等待著旅人的是長年積雪的的蔥嶺和大雪山；若能迎著徹骨寒風在冰天雪地中翻越山嶺，始能平安抵達西北印。

至於海路，雖然海路是乘著商船行進，不需要穿越沙漠、翻山越嶺，相較陸路而言花費的體力較少；然而，在茫茫大海中若遭遇到狂風暴雨，瞬息之間即會遭到滅頂之災。常愍師徒從中轉站末羅瑜國印度途中，即遭到巨浪覆船而船沉身沒；慧命則在船上遇到風擊，不得半途轉回；無行和智弘初次啟航就因風信不順，在上景登岸，折返交州，等待適合的風信再次出發。

二、賊寇攔劫

西行僧人遠行求法，多依商隊行進，其中也有少數隨出使隊伍而行。無論是何種形式的隊伍，都攜帶著不少的財貨。這也成為沿途盜賊劫道的目標。

義淨在東印度兩次遭劫；玄照兩次赴印都遇到賊人，先後與玄照同行的玄恪、玄太也同樣遭罪；道琳和智弘結伴準備從陸路返國，後聽聞沿途盜賊猖獗而折返北印度。

三、罹患重病

《求法傳》中六十一位傳主，共有三十人命喪他鄉，其餘傳主或是行蹤不明，或是仍在國外駐留，平安從印度返抵國門者只有玄太、義淨、靈運三人，真可謂是「去人成百歸無十」。

求法僧魂歸他鄉的主要原因是罹患重病。其中，道方、道生、末底僧訶、玄會等人取東道歸國，卻都在泥波羅國染病身亡，義淨因此特別註明：「泥波羅既有毒藥，所以到彼多亡也。」義淨並未言明所謂「毒藥」是指何物，或許可以理解為從飲物、空氣中感染當地特有的病毒、細菌；也有可能，泥波羅如中國嶺南地區般，因地理氣候特質而孳生致病的瘴氣。

四、戒行、心志的考驗

各種外在的磨難、挫折，對於求法僧而言是戒行和心志的考驗。有些人能以善巧方便、信仰之力和大無畏的精神，克服重重磨難繼續求法之旅。例如，道希經東道赴印，行至吐蕃途中遭遇到有違戒行的「危厄」；他擔心戒法難護，於是暫時捨戒，等到了印度時再行重受。玄照遭賊拘困，以感應力得以脫逃。義淨患上重病還被賊人劫得寸縷不剩，卻仍堅持旅程。

然而，有的人卻會因為遭遇障礙、考驗而退縮折返，或毀犯戒行。例如，乘悟和乘如因同行的法振於羯荼患病身故，而失去繼續旅程的動力。明遠在師子國原本受到君王的禮敬，卻因為動了心思、試圖竊取師子國的護國之寶佛牙舍利，最終不僅失敗還不受待見，只能離開師子國到南印度。

義淨的《求法傳》為唐代西行求法活動留下珍貴的記錄，讓後人能夠深切的體會前賢求法之難，進而珍惜得之不易的佛法寶藏。除此之外，書中亦記載了不少有關印度、室利佛逝、師子國等域外佛教的概況。如若配合義淨的另一部著作《南海寄歸內法傳》閱讀，對於唐初時期的印度、南海各國佛教則能有較深入的瞭解。

【註釋】

註一：五正食，梵語 pañca-bhojanīya，音譯半者蒲闍尼，又稱五蒲闍尼。據《南海寄歸內法傳》卷一「受齋規則」所載，五正食包括飯、麥豆飯、麨、肉、餅。各部律所列略有小異，但都包含肉食。

註二：義淨以指「七澤」代稱楚地；「楚地」泛指楚地的湖泊，即今湖南、湖北一帶。三吳之地的「三吳」，可指吳郡、吳興、會稽三地；廣義則泛指江南吳地，地域包括現今江蘇、浙江、上海等地。

註三：占波（Champa），又稱瞻波，即林邑國。隋煬帝時劉方破其都城，煬帝於林邑國域置比景、海陰、林邑三郡。數月後隋軍還朝，林邑國王范梵志希冀復國，故派遣使者入朝謝罪。唐初時仍受撫綏，寄治驩州南境。林邑舊地在現今越南中部一帶。

貳・《南海寄歸內法傳》：義淨的佛國考察記錄和心得

神州持律，諸部互牽，而講說撰錄之家，遂乃章鈔繁雜。五篇七聚，易處更難。方便犯持，顯而還隱。

《南海寄歸內法傳》著述緣由

印度佛教在釋迦牟尼佛入涅槃後數百年間，僧團因法與律的受持差異和見解上的分歧，逐漸分化為根本、支流約二十餘個部派。

根據義淨所著述的《南海寄歸內法傳・序》，當時的印度佛教共分為四大部派：一、聖大眾部（梵語 Āryamahāsāṃghika），由此又分出七部；二、聖上座部（梵語 Āryasthaviravāda），之後又分出三部；三、聖根本說一切有部（梵語 Āryamūlasarvāstivāda），此後又分作四部；四、聖正量部（梵語

Āryasammitīya），由此又分為五部。

中印度摩揭陀國一帶四部皆行，而以根本說一切有部最盛；東天竺雜行四部；西印度以正量部為主；北方全為根本說一切有部；南方包括海外的師子國皆遵習上座部；南海諸洲十餘國則是正量部、根本說一切有部並弘。

義淨又提到，印度各個部派都有其傳持的律藏。佛教傳到中國後，以上座部分出的法藏部《四分律》最為盛行，關中一帶較為流行大眾部的《摩訶僧祇律》，而江南、嶺南等地則以說一切有部《十誦律》為盛。正因為各部律藏同時在中國流行，因此出現了令受習戒法者無所適從的情況。

義淨認為，四大部派的律典雖然差異很大，但行持律法的目的卻是殊途同歸，皆是為了證得涅槃；因此，出家之人不應該取他派之輕，替己派之重，也沒必要希冀自己能夠同時兼持四大部派的戒法。僧人持戒應依據自己所受持的律法來實行；也就是說，受持《四分律》者，則按照《四分律》的規定行持；若受持的是《十誦律》，則以《十誦律》為軌範。

然而，中國佛教持律、習律的實際情況卻是諸部互相牽涉，為了講解各種矛盾和出入之處，各種注疏、章鈔越來越多，原本簡單易懂的的內容變得複雜，需要花費相當大的心力、時間去弄明白，實踐起來就更加困難，讓有心習律者因此而退卻。

為了瞭解僧團實際行持戒法的情況，義淨決定遠赴印度遊歷、求法。他在印度除了學習各種學問、朝禮聖蹟，也沒有忘記他此次西行的目的之一，那就是考察印度僧團的制度、持戒情況和寺院生活方式。

義淨回國途中停駐室利佛逝期間，將自己的考察結果，擇要分述為四十項，寫成《南海寄歸內法傳》。此書完成後，義淨托付大津將之連同《大唐西域求法高僧傳》等書先行帶回大唐，奉呈皇帝，是為「南海寄歸」；書中所言多為與戒法行持相關的掌故，因此稱為「內法傳」。

從前段印度佛教部派流行地域的說明中可以瞭解到，義淨主要遊歷、停留的地方，正是根本說一切有部盛行於印度、南海之時；因此，有關戒法行持的見聞，皆為根本說一切有部僧團的做法。為了符合所述見聞，書中的論述義淨都是根據根本說一切有部律的說法。以下即就各項內容略作說明。

羅列四十條佛教儀軌

一、破夏非小

說明「破夏」不會影響比丘的年資、位序。

印度於西曆七月夏天時進入雨季。佛陀規定，整個雨季約三個月的時間，比丘不許到處遊歷，必須在固定的道場中安住修行，這種作法稱為「結夏安居」、「雨安居」等。若無故無法圓滿整個安居期則為「破夏」。

出家僧人在接受居士供養等聚集場合時，是按照資歷序位。出家資歷原是以受戒年數計算，比丘若是破夏，也只是無法獲得十利而已，不會影響其序位。

但是中國佛教僧團卻有依結夏年數論尊卑的習俗；如果破夏，年資就會扣減，序位時位置就需往後挪。這樣的做法並無根據。

義淨翻檢律典，並未找如此處理的依據，也不曉得中國佛教這種做法源於何時，由何人開始。義淨認為，應該詳細審查是否合理方才施行；而比丘資歷的高低應依受戒年數為據，即使破夏，也不應降低他的資歷。

二、對尊之儀

說明面對佛像、尊長表示尊敬的禮儀。

依佛制，在佛像面前和親近師長時，必須赤足，不許著履，除非患病；衣著方面則偏袒右肩，左肩披衣，不能戴頭巾，這是不變的原則。

不過，在其他地方遊歷時，也可以視情況便宜行事。例如，在寒冷的國度，允許穿著短靴，其他種類的履屣也可以使用。不同的地域有寒暑不一的氣候，若都如實依律而行，難免會有不協調之處；因此，寒冬之月著履、戴頭巾等權當保護身體，到了春夏天氣回暖之後，就必須依律而行。

繞塔不許著履，進入佛殿不可穿短靴，這是佛陀早已制定的規則；若是無故違犯，那就是故意輕慢聖教。

三、食坐小床

記述西方僧眾用餐時的注意事項和所用的坐榻規格。

西方僧眾進食前必須先清洗手足，然後各自坐在小床（「床」即椅子）上。床高七寸，方一尺，床面是由藤繩織成，床腳呈圓形，整體是輕便的。未受具足戒的小眾則只需小木砧一塊就坐。僧眾就坐時雙足踏地，面前置放食具。設置座位前，地面先以牛糞淨塗，再鋪上新鮮的樹葉。床座之間相隔一肘，互不抵觸。義淨考察所見，未曾有於大床上結跏趺坐進食者。

依佛制，床的長度是佛的八指，傳說佛的手指比常人長三倍，八指即常人二十四指，約中國笏尺的一尺半。中國佛教的坐床高度達兩尺以上，並不適合坐，若坐即犯坐高床之過。又如排成一排結跏趺坐而食也不合法。這種訛誤的做法始自晉代。雖然佛教流行中國數百年來，外國僧人相繼來華，漢地僧人也有不少西行遊歷。這些人當中都曾見識過正確的坐床進食的情況，其中也不乏指出錯誤者，卻不見改善。

除了有經驗者指出訛誤之處，經中所云「食已洗足」，正說明不是盤腿坐在床上，「食棄足邊」，亦可知是垂腳而坐。

四、餐分淨觸

說明西方淨、觸（即「濁」，下同）兩食的差別。

西方僧俗用餐的規定有淨、觸之分。食物只要吃了一口即成觸食；盛裝食物的器具在用餐完畢會先放在一旁，等大家都吃完了再一同丟棄。至於殘食則施予鬼神食之，定然不可回收殘食食用。無論貴賤，這種做法都是一樣。

若要維持食物的潔淨，接觸食物者必須先以淨水漱口、洗手。若是嘗食，嘗食畢須先洗手、漱口，並清洗嘗食器，然後才可以接觸鍋子。如若不然，所作的祈請不會應驗，陳設的祭饗，神祇也不會接受。也就是說，供養三寶、奉祭神祇乃至尋常飲食都必須依相關的規定來保持其清淨。

五、食罷去穢

說明進食畢淨口、洗手的方法。

洗手：自己拿著水瓶，或者讓他人幫忙倒水，然後在盆器上，或在隱蔽之處，或向著溝渠，或站在臺階邊緣，以水淨手。

淨口：口嚼齒木（梵語 danta-kāstha，又譯為「楊枝」）以剔牙刮舌，務必清潔乾淨。如若口腔中還有殘食，就無法完成過午不食的齋法。嚼齒木畢，再用豆渣或泥團擦拭嘴唇以去油膩之氣，然後用螺杯、鮮葉或用手接淨瓶之水漱口。盛水之前，所用器具或手都必須先用豆渣、泥土、乾牛糞等洗去油脂。漱口需兩、三遍才能乾淨。

六、水有二瓶

說明比丘隨身水瓶的類別、用途，以及水瓶、瓶袋的製作方式。

水有淨、觸兩種，分別以兩枚不同的水瓶盛裝。淨水都用瓷、瓦材質，觸水則用銅、鐵。淨水是非時飲用的水（「非時」是指中午以後至後夜後分），觸水是清潔用水。裝淨水的瓶子必須先淨手才能拿，因此必須放置在清淨之地；盛觸水的瓶子不必先洗手隨時可拿，故可放置在觸處。唯有裝在淨水瓶和嶄新瓶器的水才能在非時飲用。其餘容器所盛之水名為時水。時水在中午以前飲用無虞，若於午後飲用則為有過。（飲用水分為非時水和時水，與嚴格執行過午不食的齋法有關。）

水瓶製作方式：瓶蓋必須連著瓶口，蓋頂上有突出的尖臺，高約兩指；尖臺頂有銅筷粗的小孔，飲用水即由此孔出。瓶側又別開圓孔，孔口朝上豎高兩指，約銅錢大小，此為添水時的注水孔。水瓶的容量約二、三升，太小無用。為防蟲、塵進入，可以蓋子覆蓋注、出水兩孔，亦可用竹、木、布、葉等材料塞住孔口。另外可取布長二尺、寬一尺許，對折縫合，兩角縫上長約一磔的布帶，以此作為瓶袋之用。

七、晨旦觀蟲

說明晨觀水中有無蟲子的方式，以及濾蟲的方法。

水有瓶、井、池、河的差別，因此每日晨旦觀水的方式也有不同。天明時先觀察瓶中水。先將瓶水倒入少許在銅盞、銅碟、螺杯、漆器、盆罐等容器中，再安放在磚上，或用觀水之木，然而用手掩口，仔細慢慢觀察。如果有蟲則必須將盛水的容器再三清洗乾淨，而瓶中餘水則拿到河、池邊倒掉，重新過濾乾淨的水。井水汲出後裝在水罐中，要觀察時以銅盞取少許，觀察方式同上。若無蟲則整夜都可隨時飲用。池、河之水觀察方式依律中所說。

濾水可使用不會漏掉小蟲的熟絹做成濾網。取四尺熟絹撐成羅網狀繫在柱子上，網下用盆接水。倒水時，羅網須接觸到盆底，如若不然，蟲子會隨著濺出的水落在盆中或地上，如此一來免不了會傷其性命。濾有蟲子的羅網和蟲子的處理方式也有詳細的說明。繁瑣的處理方式其目的就是為了避免誤傷蟲命。

八、朝嚼齒木

說明齒木材質、規格，以及潔齒、刮舌的方法。

每天早上必須按照規定的方式清潔口腔才能去行敬禮。如若口腔不淨而受禮或者是禮拜他人都會獲罪。齒木可用各種木類、葛蔓來做。長八指至十二指之間，小指粗。使用時慢慢咀嚼一頭，良久即能將牙齒刷乾淨。刷完牙，將齒木嚼過的那頭弄開掰彎用來刮舌。銅、鐵做成的篦子也可用來刮舌，尖木籤也可以潔牙、刮舌。

不管是甚麽材質的齒木，用畢都必須清洗乾淨後丟棄。丟棄齒木時，若吐出水或唾液，皆需彈指三下或咳兩聲，如若不然將會獲罪。

九、受齋赴請

說明施主邀請僧眾到家中應供，以及僧眾接受供養的儀式。

施主先到僧前禮敬、邀請，施供當天再前往告知時間已到。座位的設置、餐具、食物的準備要求如前所述。至於授、受食的方式和供養之物，義淨細述了印度、南海諸國、中國的差異。另外，義淨在文中亦略述了供呵利底母、大黑神的因緣。文繁在此不一一說明。

十、衣食所須

說明僧眾所需用以維生的物資。

律藏中規定僧人在受戒時必須備齊六種衣物：一、復衣，二、上衣，三、內衣，四、坐具，五、鉢，六、濾水羅。若僅就布料物品而言，除了復衣、上衣、內衣、坐具，另外還有裙、副裙、掩腋衣、副掩腋衣、擦身巾、拭面巾、覆瘡疥衣、用來在生病時換藥用的布料，共十三種。衣物布料的選用以不害生命為原則，製作的方式也應依律而行。

另外，義淨也記述了他在東印度耽摩立底國所觀察到的，寺院如何如法處理田產、接受、分配物資的情況，以及遊歷各地時所見的衣著差異。

十一、著衣法式

說明依律穿著僧衣的方法。（若無示範，文字難以表達清楚，故在此省略不述。）

十二、尼衣喪制

說明尼眾五衣的製作規定、穿著方法，以及僧尼喪葬處理方式。

尼眾五衣中，復衣、上衣、內衣、掩腋衣與比丘僧同，唯裙片有別。其製作和穿著方式於此省略不述。以下略述此項內容中有關僧尼喪制的內容。

依佛制，須先察看身故的比丘以判定是否真的斷命。遺體於去世當日就移到焚化處燒之。火化的時候，親友們可用草堆、土臺、磚塊為座坐在一旁，令一能者誦《無常經》半紙或一紙，不需要太長讓人疲累。然後各自思惟無常，之後就可以解散。回寺前，先在寺外的浴池穿著衣物洗浴；如果沒有浴池，則可在井邊洗身。送葬時應穿著舊衣，以免損壞新服。洗畢，換上乾燥的衣服就可以回僧房。

身故比丘躺過的地面以牛糞淨塗，其餘諸事如舊。亡者衣服的處理方式也沒有差別。也有人會為亡者收起遺骨設小塔供奉。

十三、結淨地法

說明五種使土地清淨用以蓋廚房的方式。

（一）起心作：開始建寺時，立下基石後，作為檢校人的比丘應心中起念：「於此一寺，或可一房，充當僧人作為淨廚之用吧！」

（二）共印持：寺院奠基時，若在場只有三人，其中一位比丘應當告知其餘比丘：「諸位比丘皆可用心印定此處，於此一寺，或可一房，充當僧人作為淨廚之用！」如此告白三遍。

（三）如牛臥：只要寺院的房舍蓋成臥牛的形狀，無需做法即成清淨。
（四）故廢處：若在原先蓋過僧寺的地方重新蓋房，也無需重新做法。
（五）秉法作：即根據《百一羯磨》中的白二羯磨方式結界。

十四、五眾安居

說明出家五眾結夏安居的規定。

結夏安居因起始日的不同分為前安居和後安居。前安居是五月十六日開始至八月中結束，後安居是六月十六日開始至九月中結束。八月十六日是供養功德衣給僧人的日子。

安居期間若因故必須暫時離開，可依相關的規定請假。至於安居時房舍的分配，則依戒臘順序來安排，最好的房舍分給上座，以此類推。

十五、隨意成規

說明「隨意」的做法。

安居結束之日和每年的最後一日稱為「隨意」，漢譯舊云「自恣」是意譯。所謂「隨意」是指，當日可以任意舉發他人於身、口、意三事所犯的過錯，被舉發者應如法行懺摩以恢復清淨。

十六、匙筯合否

說明是否可用湯匙、筷子（筯）。

印度民眾是用右手進食，若患病才會允許使用湯匙；至於筷子，則未曾聽聞五天竺有使用的習慣，四部律藏中也沒有相關的記載。因不見載，所以也不存在允許或禁止與否，漢地僧人可以自行決定是否使用。

十七、知時而禮

說明禮敬的注意事項。

禮敬之法須符合儀制。依佛制，有兩種汙觸不應受禮，也不能禮敬他人。

（一）飲食之汙：進食、飲用漿汁、水、茶、蜜等，以及酥糖等類之後，若沒有淨手、漱口，皆不適合受禮、敬他。

（二）不淨之汙：大小便之後未洗手、漱口也不可受禮、禮他，身上或衣物受便溺、唾液弄髒也不行。

除了前兩項，如前所述，晨起必須先以齒木清潔口腔方可行禮；若在大眾聚集的場合，只需要合掌致敬。熱鬧的地方、不淨地、路上，也不適合禮拜。

十八、便利之事

說明大小便的規定。

上廁前先下穿洗浴之裙，上著掩腋衣，然後取出觸水瓶裝滿，帶去廁所。如廁後按照規定的方式清理身體，確保身體的清淨，然後才可以坐上僧床、禮拜三寶等。如廁、清洗的規定相當繁瑣，其根本是為了表示尊敬。

十九、受戒軌則

說明印度、中國兩地出家受戒的軌則。

二十、洗浴隨時

記述那爛陀寺洗浴的規定和實況。

印度因氣候暑熱，人們習慣經常洗浴以維持身體的清潔，其重視程度已到了每天不洗澡就不用餐的地步，因此到處都挖有浴池。

那爛陀寺共有十餘座大浴池。每天清晨寺中會敲響報時器，通知僧眾洗浴的時間到了；這時候，各人拿著浴裙，成千上百地湧向寺外的各個浴池洗澡。浴裙的製作、穿著法，以及沐浴完畢上岸的規定，律中都有明文規定。若不去寺外浴池，也可以穿著浴裙在寺中洗澡，那時候可以請人幫忙澆水。至於浴池、浴室等建造方式、如何以藥湯治病等法，律中也有廣說。

二十一、坐具襯身

說明坐具在印度不是用來禮拜時敷在地面，而是使用別人的氈席睡覺時，將坐具鋪在其上以保護之。

二十二、臥息方法

說明印度僧房的布置和臥床設置的規定。

印度佛寺的僧房，每間都住有不少人，因此起床後要將床收起，或移到一旁，或搬到房外。床寬二肘、長四肘半，輕便不重，床席也是同樣的大小。僧房的地面需用牛糞乾揩擦令使清淨，然後才將坐床、木枯、小席（不同的資歷身分，使用的坐器有別）等安置房中，按照戒臘順序就坐。資生物品則放置在棚頂上。如果是共用的臥床，使用時必須先鋪上坐具。枕頭方面，印度習慣用布帛做成長袋子，裡面裝上毛、麻、蒲黃、柳絮、木棉、軟葉、麻豆等等。枕頭的高低會隨季節冷熱調整。

如果僧房安放了佛像，食坐時需以布幔遮蔽。每日需洗沐佛像並敬獻香、花。中午用餐時也需虔誠向佛像供奉一份餐食。裝佛經的箱子放在房內一旁，睡覺時移往別室。

二十三、經行少病

說明經行的時間、方式和利益。

在五天竺，無論是僧俗都有經行的習慣。經行是在一條路上來回走動，隨時隨意，不過要注意避開鬧處。經行的利益有二：一、療病，二、消食。接近中午和黃昏日落之時最適合經行。僧眾可以選擇出寺長行，也可以在寺內廊下徐行。如不經行，身體容易患病，遂令腳、肚腫脹，臂肩疼痛。喉中積痰不消，就是因為久坐不動所致。

二十四、禮不相扶

說明禮拜的規則。

佛言有兩種人應當禮拜：一是如來，二是大於自己的比丘。這是佛陀的教示，戒臘高者就應該接受小輩的禮拜，無需自謙不受禮。小輩禮敬時口稱「畔睇」（梵語 vande，意為「我敬禮」），徐徐拜下，長輩在受禮時則可拱手，回以「痾路秪」（梵語 ārogya，意為「無病」）祝福。

二十五、師資之道

說明師徒互動之法。

弟子於每日清晨需為師長準備好洗潔用品放在師長的坐處。之後再去禮佛、繞塔。結束後重新回到師長處，提衣一禮、合掌三叩，然後合掌長跪向師長一一詢問身體、飲食等是否安好，師長則一一作答回覆。之後再到附近其他大比丘處禮敬，而後讀誦少許經典，回憶先前所習。到了用早飯的時候，則視身體的需要，在徵得許可後方可進食。

初夜、後夜（印度的時間劃分為晝三時、夜三時，共六時，依佛制，中夜是睡眠時間），弟子會來到師長處。師長先讓弟子安坐，然後視情況選取三藏的內容教授，並觀察弟子的戒行是否有虧；若發現弟子於戒法有所毀犯，則教誡令其悔過。弟子則為師長按摩身體，整理衣物，打掃房庭，濾水裝瓶，凡是可以為師長服務的地方都會去做。

依律中的規定，除了嚼齒木、飲水、大便、小便，以及在結界中四十九尋範圍內禮拜佛塔，其餘諸事皆須向師長秉告過後才能進行，不然將會獲罪。

若已瞭解戒法並經過五個夏安居，則可以離開本師到外遊歷學習。不過，到了安住之處仍需依止一位師長。經十個夏安居後才不必再依止師長。

二十六、客舊相遇

說明迎客之禮。

佛世時，客比丘到來，佛陀會親喚「善來」。後來印度佛寺規定，凡有客比丘新至，寺中無論舊客比丘、弟子、門人、舊人等，都須即時前迎喚言「善來」，而客比丘則回應「極善來」。如若不說，則一有違寺制，二於律有犯。

無論戒臘高低，一律照此處理。

客人入寺後，即為其收取瓶、鉢掛在牆勾上，然後依他的身分安排坐位請他坐下休息。小輩則安置在屏處，尊長則請到房前。比自己大的客人則為其按摩全身；比自己小的客人則撫按其背，但不能拍到腰足。年資相當者，則沒有特別要做的事。休息好了方才清洗手足，然後到寺中尊長處行禮。只需敬禮一拜，再跪按尊長之足。尊長則以右手撫彼肩背。如果不是分別很久，則不需要撫背。尊長接著會問其安否，弟子隨問作答，然後退坐一邊。

二十七、先體病源

說明如何透過觀察身體四大的情況判斷病源。

印度五明（內明、因明、聲明、醫方明、工巧明）之一的醫方明提到，必須先觀察患者的聲色，然後才施行八種醫道。所謂八種醫道：

（一）論所有諸瘡，即包括身體內外諸瘡。
（二）論針刺首疾，即包含頭部和面部的疾病。
（三）論身患，咽喉以下的病皆為身患。
（四）論鬼瘴，指遭惹邪魅。
（五）論惡揭陀藥，惡揭陀（梵語agada），意為藥，尤指能治療諸毒的藥。
（六）論童子病，即尚在腹中的胎兒到十六歲的少年所患之病。
（七）論長年方，專指延年益壽之方。
（八）論足身力，總括強身健體之法。

二十八、進藥方法

說明患病症狀和治療、用藥的原則。

佛陀在《醫方經》中提到四大不調的四種症狀：

（一）窶嚕（梵語 guru），地大增，令身沉重，即中醫所謂「沉重」。
（二）爕跛（梵語 kapha），水大積，涕唾異常，即中醫所謂「痰癊」。
（三）畢哆（梵語 pitta），火大盛，頭胸壯熱，即中醫所謂「熱黃」。
（四）婆哆（梵語 vata），風大動，氣息擊衝，即中醫所謂「氣發」。

依此不同的病症按照醫明中的治療方式隨症處理、治療。

二十九、除其弊藥

說明何謂弊藥以及利用特殊東西入藥的原則。

所謂弊藥，如人的糞、尿、豬糞、貓糞等，盛在瓮罐中，美其名曰「龍湯」，卻是極其汙穢的東西。即便是佛陀允許以蔥、蒜作藥治病，也需要自行隔離在邊房，等七日之後清洗了身體才能重新入眾。若未淨身，因為臭穢的關係，不允許入眾、繞塔、禮拜。

而僧人所謂以陳棄之藥治病的說法，其意在於節儉，並非說不能服用貴重的藥物。律中允許以大小便入藥，指的是牛犢的糞和牛的尿。一些常用藥物如解蝎毒的硫黃等、治熱瘴的甘草、苦參等、治風寒的生薑、花椒等，平時就可以準備一些。不要胡亂花錢，臨時需要用到好藥時，就因為省小利而大虧聖教。

三十、旋右觀時

說明向右旋繞行的規定和觀時法。

所謂「右旋」，梵云「鉢喇特崎拏」（pradaksiṇa）；「鉢喇」字意很多，此處表示旋行，「特崎拏」意為右，總括尊便之目。時人稱右手為「特崎拏手」，表示右邊為尊、為便，符合向右旋繞之儀。五天竺以東方為前方，南方為右方，但不可以此論左右。

有關時、非時的判定，應依《時經》中所說，然而與日影有關的觀時法，在不同的情況下應該有不同的觀時方式。印度的大型寺院中都設有漏水計時器，是歷代君王所奉施。以漏水計時，則不會因烏雲蔽日而錯過午時。

三十一、灌沐尊儀

記述印度灌沐佛像的禮儀。

在印度佛寺，每到近午之時，授事者會鳴響犍椎。寺中庭院張設寶蓋，殿旁羅列香瓶，取各種材質的佛像分別置放在不同材質的盤內，令伎女奏樂。浴佛時，先塗上香粉，再灌以香水，然後以潔白乾淨的氈布拭擦。之後將佛像安放在殿中以鮮花圍繞。這是全體活動的儀式。

若是各別房內的佛像，則每日各自負責灌沐，鮮花的供奉也不能斷。至於銅製佛像，為了保持佛像的光亮，須用細灰或磚粉來擦拭，再用清水洗淨。大的佛像每半個月由眾人一起處理，小的佛像則隨己所能每日灌沐。浴佛時以兩指持水，從佛像頂部淋下，此謂吉祥水。不可嗅聞用以供佛的鮮花。灌沐佛像後的水和供過的花不能隨意踐踏，可拿到乾淨的地方傾倒。

三十二、讚詠之禮

記述印度佛寺讚頌佛陀功德的儀式，並介紹了馬鳴、龍樹等所造的讚頌詩偈。讚詠之儀在本文下一章介紹《無常經》時會提到，在此不再說明。

三十三、尊敬乖式

記述在中國出現的不恰當禮敬行為。

例如，為了獲得利益在集市中向俗人行禮；拿著佛像站在大路上謀求錢財，卻讓塵粉沾汙佛像；還有人自損身體、劃傷臉面等以詐騙好心之人施予財物。如此現象印度全無。

三十四、西方學法

介紹印度聲明的重要著作，並略述佛教各學說的重要論師以及當時印度、南海著名的大德法師。

三十五、長髮有無

說明出家應有的心態以及對出家生活的建議。

中國佛教存在蓄髮受戒的情況。義淨認為這樣的做法於律無據，形同俗相，難以維持戒法的清淨。既然不能受持，受戒又有何益？義淨認為，剃髮是為了淨心，穿著染色僧衣是為了去除雜念，都是以解脫為目的。

義淨建議，出家受戒之後，除了修習律藏，還可以研習瑜伽行唯識學派重要論師無著的《二十唯識論》、《三十唯識論》、《攝大乘論》、《對法論》、《辨中邊論》、《緣起論》、《大莊嚴論》、《成業論》等八大論書，以及陳那的《觀三世論》、《觀總相論》、《觀境論》、《因門論》、《似因門論》、《理門論》、《取事施設論》、《集量論》等八部論著。學阿毘達磨則遍閱《集異門足論》、《法蘊足論》、《施設足論》、《識身足論》、《品類足論》、《界身足論》等六足論；習《阿含經》則全探《長》、《中》、《增一》、《雜》四部阿含。直到完成這些經、律、論三藏重要典籍的學習之後，方能開始說法弘化。

不計疲勞、廣度眾生，時時思惟人、法二空，心無雜念地遵行八正道，修習禪定，善護律法，如此過完一生，才是最理想的出家生活。

三十六、亡財僧現

說明身故僧人遺物的處理方法。

處理亡僧遺物前，先確定他是否有負債，是否有留下遺囑，誰曾在他患病時照顧過他，然後再依律中的規定如法處置、分配。

三十七、受用僧衣（物）

說明分配、受用僧物的原則。

律中有關的規定因後世流傳的地域不同而出現了模糊地帶。義淨例舉當時所見印度寺院的處理方式提供中國寺院一下建議。

三十八、燒身不合

說明依經中所言行持，必須以是否違犯戒律為優先考量。與燒身相關的內容，在前述第二章已敘述，在此略過不述。

三十九、傍人獲罪

說明勸人燒身的過患。

四十、古德不為

記述義淨親教師善遇和軌範師慧智的事蹟，以及兩位師長對他的教導，以大德的言教、身教為例，再次指出燒身之法不應為。此項內容已在前述第二章述及，在此不再贅述。

或許因為義淨本身並不認同過度解說律典的做法，因而他並沒有律學注疏遺留下來，後人也因此無法從相關的論述瞭解其戒學思想。反倒是義淨所撰《護命放生軌儀法》、《受用三水要行法》、《說罪要行法》等著述，都是著重記述、說明僧伽行法。

義淨一生心心念念都是希望漢地佛教僧人能夠如法如律的生活；因此，他所撰述的《南海寄歸內法傳》，不僅僅是遊歷印度、南海的考察記錄，其內文亦有不少義淨的評述和觀點，從中不難看出義淨對於漢地佛教的關懷。

綜言之，《南海寄歸內法傳》可謂是作持戒法的實用指南，也是瞭解義淨律學觀點的重要著述。

參·義淨的譯場職司和主要譯著

淨雖遍翻三藏，而偏攻律部。譯綴之暇，曲授學徒；凡所行事，皆尚急護；漉囊滌穢，特異常倫；學侶傳行，遍於京洛。

義淨遠涉重洋，赴印求法，還歸大唐時共帶回梵本經、律、論三藏典籍近四百部合五十萬頌。從武則天久視元年（西元七〇〇年）至睿宗景雲二年（西元七一一）十一年間，義淨在譯場各職司的協助下，共譯出五十六部二百三十卷佛典，其中尚不包括義淨未來得及刪綴的七、八十卷根本說一切有部犍度律典等，譯經成果甚豐。以下將分別析說義淨的譯場組織和主要翻譯成果。

義淨的譯場組織和成員

義淨的翻譯事業並非一開始就在完整的組織分工下進行。從前面的章節可以瞭解到，義淨的譯經大致分為四個階段：一、留學印度時，二、停駐室利佛逝時，三、返唐初期協助外國僧人譯經，四、在皇帝敕設的譯場主持譯經。義淨在印度遊學期間嘗試翻譯《根本說一切有部毘奈耶頌》、《一百五十讚佛頌》、《龍樹菩薩勸誡王頌》；不過，義淨對他的試驗成果並不滿意。回國後，他將三部典籍重新刪正、綴文，方才發布流通。而義淨於歸國途中停駐室利佛逝期間，則在貞固、懷業、道宏、法朗的協助下譯出了十卷佛典；這是義淨初次以團隊合作的方式進行翻譯。回到大唐後，義淨奉武則天之命，參與實叉難陀主譯的《華嚴經》翻譯，真正涉入具備各項職司的譯場組織。

佛教譯經的模式自漢代開始發展至唐代，逐漸形成分工細密的譯場組織；這種具有完備職司的譯場，皆為皇帝敕命建立。唐代的官設譯場，始於太宗李世民於大慈恩寺等道場為玄奘所設置的譯經院。太宗之後，佛教譯經事業在武則天等帝王的推動下亦得以延續。義淨即先後在武則天、中宗李顯、睿宗李旦的護持下，於洛陽、長安兩地的官設譯場從事譯經工作。

如前文所述，義淨親自主持的譯場，於武則天時期主要是在長安西明寺和洛陽大福先寺；中宗朝則在大福先寺和大薦福寺翻經院；睿宗時則在大薦福寺翻經院。依《開元釋教錄》，武則天時期的譯場人員分別由北印度沙門阿儞真那證梵文義，沙門波崙、復禮、慧表、智積等人擔任筆受、證文，沙門法寶、法藏、德感、勝莊、神英、仁亮、大儀、慈訓等為證義，成均太學助教許觀任監護之職，並將譯畢的經典重新繕寫，進呈大內。至於中宗朝的譯場，則有更詳細的職司名單可供參考。

下述名單詳列各人原本的官職，是為了瞭解怎樣的身分、專業譯場中適合擔任何種職司。

洛陽大福先寺譯場組織及成員

一、主譯

三藏法師義淨

二、讀梵文

翻經沙門・婆羅門大德槃（盤）度

三、證文

翻經沙門・荊州大唐龍興寺大德弘景

翻經沙門・大總持寺上座大宜（大儀）

四、證義

翻經沙門・大薦福寺大德勝莊

翻經沙門・淄州大雲寺大德慧沼

翻經沙門・大唐龍興寺大德智積

五、筆受

翻經沙門・相州禪河寺大德玄傘

六、潤文

中大夫・檢校兵部侍郎・臣崔湜

太中大夫行給事中・上柱國・臣盧粲

七、正字

三藏法師義淨

太中大夫行給事中・上柱國・臣盧粲

八、綴文

三藏法師義淨

長安大薦福寺翻經院組織及成員

一、主譯

三藏法師義淨

二、證梵義

翻經沙門．吐火羅大德達磨秣磨

翻經沙門．中天竺國大德拔努

三、證梵文／證梵本

翻經沙門．罽賓國大德達摩難陀

翻經婆羅門．東天竺國大首領．臣伊舍羅

四、證義

翻經沙門．淄州大雲寺大德慧沼

翻經沙門．洛州崇先寺大德．律師道琳

翻經沙門．福壽寺寺主利明

翻經沙門．洛州太平寺大德．律師道恪

翻經沙門．大薦福寺大德勝莊

翻經沙門．相州禪河寺大德玄傘

翻經沙門．大薦福寺大德．律師智積
翻經沙門．德州大雲寺寺主慧傘

五、筆受

翻經沙門．相州禪河寺大德玄傘
特進同中書門下三品．修文館大學士．監修國史．上柱國．趙國公．臣李嶠

六、正字

三藏法師義淨
翻經沙門．大薦福寺大德．律師智積

七、潤色

特進同中書門下三品．修文館大學士．監修國史．上柱國．趙國公．臣李嶠

八、讀梵本

翻經沙門・西涼州白塔寺大德慧積
翻經婆羅門・右驍衛翊府中郎員外置宿衛・臣李釋迦
翻經婆羅門・東天竺國左執戟直中書省・臣度頗具

九、證譯

翻經婆羅門・東天竺國左屯衛翊府中郎將員外置同正員・臣瞿金剛
翻經婆羅門・左領軍衛中郎將・迦濕彌羅國王子・臣阿順
翻經婆羅門・龍播國大達官准五品・臣李輸羅

十、綴文

三藏法師義淨

十一、監譯

金紫光祿大夫・守尚書左僕射・同中書門下三品・上柱國・監修國史・舒國公・臣韋巨源
尚書右僕射・同中書門下三品・上柱國・許國公・臣蘇環

特進行太子少師・同中書門下三品・上柱國・宋國公・臣唐休璟
特進太子少保・兼揚州大都督・同中書門下三品・監修國史・上柱國・彭國公・臣韋溫
特進同中書門下三品・修文館大學士・監修國史・上柱國・趙國公・臣李嶠
特進侍中・監修國史・上柱國・郇國公・臣韋安石
侍中・監修國史・上柱國・越國公・臣紀處訥
光祿大夫・行中書令・修文館大學士・監國史・上柱國・郢國公・臣宗楚客
中書令・監修國史・上柱國・酇國公・臣蕭至忠
翻經學士・銀青光祿大夫・守兵部尚書・同中書門下三品・修文館大學士・上柱國・逍遙公・臣韋嗣立
翻經學士・中散大夫・守中書侍郎・同中書門下三品・著紫，佩金魚・

修文館學士・上柱國・臣趙彥昭

翻經學士・太中大夫・守祕書監員外置同正員・修國史・修文館學士・上柱國・臣劉憲

翻經學士・銀青光祿大夫・行中書侍郎・修文館學士・兼修國史・上柱國・朝陽縣開國子・臣岑義

翻經學士・通議大夫・守吏部侍郎・修文館學士・兼修國史・上柱國・臣崔湜

翻經學士・朝議大夫・守兵部侍郎・修文館學士・兼修國史・上柱國・臣張說

翻經學士・太中大夫・檢校兵部侍郎騎尉・修文館學士・安平縣開國子・臣崔日用

翻經學士・朝請大夫・守中書舍人・兼檢校吏部侍郎・修文館學士・經車都尉・臣盧藏用

翻經學士・銀青光祿大夫・行禮部侍郎・修文館學士・兼修國史・上柱國・慈源縣開國子・臣徐堅

翻經學士・正議大夫・行國子司業・修文館學士・上柱國・臣郭山惲

翻經學士・禮部郎中・修文館直學士・輕車都尉・河東縣開國男・臣薛稷

翻經學士・正議大夫・前蒲州刺史・修文館學士・上柱國・高平縣開國子・臣徐彥伯

翻經學士・中大夫・行中書舍人・修文館學士・上柱國・臣李乂

翻經學士・中書舍人・修文館學士・上柱國・金鄉縣開國男・臣韋元旦

翻經學士・中大夫・行中書舍人・修文館學士・上柱國・臣馬懷素

翻經學士・朝請大夫・守給事中・修文館學士・上柱國・臣李適

翻經學士・中書舍人・修文館學士・上柱國・臣蘇頲

翻經學士・朝散大夫・守著作郎・修文館學士・兼修國史・臣鄭愔

翻經學士・朝散大夫・行起居郎・修文館直學士・上護軍・臣沈佺期

翻經學士・朝請大夫・行考功員外郎・修文館直學士・上輕車都尉・臣武平一

翻經學士・著作佐郎・修文館直學士・臣閻朝隱

翻經學士・修文館直學士・臣符鳳

十二、抄寫

書手・祕書省楷書令史・臣趙希令

十三、其他

孔目官・文林郎・少府監掌冶署丞・臣殷庭龜

判官・朝散大夫・行著作佐郎・臣劉令植

使金紫光祿大夫・行祕書監・檢校殿中監・兼知內外閑厩・隴右三使・上柱國・嗣虢王・臣李邕

前述洛陽大福先寺譯場的職司人員是神龍元年（西元七〇五年）七月十五日時釋出，而長安大薦福寺翻經院的名單是則是在景龍四年（西元七一〇年）

四月十五日發布。雖然都是中宗朝的譯場，然而譯場工作的分配並不全然相同，職務名稱也有出入。相較於武則天時期設立的大福先寺譯場，中宗為義淨敕置的大薦福寺翻經院，其譯場職司更為繁細。以下綜合兩處譯場共十四項職司並略作說明。凡提及的人名，若與義淨同年代者則不再附注人物的生卒年。

【主譯】

佛經傳入中國是以不同的語言傳誦或記載；除了梵語經典以外，還有西域語言的經本，古代文獻中或稱統稱為胡語。這些外語佛典需要翻譯成漢語方能在本土傳布，主持翻譯者即是「主譯」（亦作「譯主」）。一般而言，「主譯」是能夠背誦所需翻譯的經典、或是擁有實體經本的人。

佛經翻譯的一大特色是翻譯和宣講同時進行。隋唐以前的譯場，甚至開放協譯職員以外的人入場聽講，因此譯場人數會較多；如姚秦鳩摩羅什（西元三四四年至四一三年）的譯場，與會者甚至超過千人。唐代的譯場雖然不再開放聽講，「主譯」仍需講釋經義；因此，「主譯」非通達經、律、論三藏者無法勝任。故而「主譯」多被尊稱為「三藏法師」。

【讀梵文／讀梵本】

譯場的「主譯」皆精通原文經典所使用的語言，在譯經時會先逐句逐段誦出，然後再以漢語講解。如若「主譯」不通漢語，則仍舊以外語解經，再由通曉外語者擔任「傳語」或「度語」負責口譯。義淨雖然精通梵語，不過大福先寺和大薦福寺的譯場都設有「讀梵文／讀梵本」之職，由專人讀誦原文，義淨再進行解析，如此較能減輕「主譯」的精神、體力消耗。

或許是為了確保發音正確，負責誦讀梵本者如槃度、李釋迦、度頗具皆為天竺人。至於慧積則來自西涼州（今甘肅武威市一帶），此地是中西交通要塞，想必慧積因地緣的關係而熟習梵語。

【筆受】

「筆受」負責記述「主譯」宣釋的經義和現場的討論，然後歸納、整理手上的筆錄，斟酌文句，將梵語經文轉譯為中文；因此，「筆受」必須精通梵、漢兩語。若說「度語」或「傳語」是口譯者，「筆受」則可以說是筆譯者。

在中宗朝的義淨譯經班底中，相州禪河寺大德玄傘是固定的「筆受」，於大薦福寺翻經院則增加了擅長詩文的修文館大學士李嶠。

【證梵文／證梵本】

「證梵文」首見武則天時《寶雨經》的翻譯，分別由佛授記寺沙門道昌、天宮寺沙門摩難陀（疑為「達摩難陀」之誤）擔任。「證梵本」則是義淨譯場首設，見於中宗景龍四年四月十五日釋出的大薦福寺翻經院職司名單，由西域罽賓沙門達摩難陀任職。同樣的名單又有「證梵文」一職，是由東天竺婆羅門伊舍羅充任。兩者應是同一職務的別稱。

在印刷術發明、流行之前，實體經典是透過手抄流通；在傳抄的過程中若不小心抄錯，或是經本有所損壞，都會造成解讀上的困難。尤其，梵語經典是以拼音文字書寫，加上其特有的語法變化和語詞組合方式，稍有錯誤就會變成另一語詞。依贊寧《宋高僧傳．卷三．譯經篇．論》（以下簡稱〈譯經篇．論〉），「證梵本」之職是要確保「能詮不差，所顯無謬」。「能詮」是文句，「所顯」是文義，「證梵本」的工作即是審查梵本的讀誦、解讀有否問題，若遇疑難之處，也會為「主譯」處理梵本經典中出現的語文問題，以便正確的解讀文義。故而擔任「證梵本」者必須熟諳印度的聲明學。

【證梵義】

據〈譯經篇．論〉，「證梵義」是「明西義得失，貴令華語下不失梵義」，若謂前述「證梵本」是單純解決梵經的語文疑難，「證梵義」者則是協助「主譯」處理語文背後所要表達的義理問題。

「證梵義」初置於武周時的義淨譯場，由北印度沙門阿儞真那充任。至於中宗朝大薦福寺譯場，則同樣由外國籍的吐火羅沙門達磨秣磨、中天竺沙門拔努等擔任。

【證譯】

「證譯」初見於武周時菩提流志的譯場。長壽二年（西元六九三年），菩提流志於洛陽佛授記寺翻譯《寶雨經》；許是菩提流志的中文表達能力不好，故而由外國籍沙門戰陀和婆羅門李無諂擔任「譯語」，負責漢語口譯，再由沙門慧智任「證譯語」以確保譯語無誤。

義淨是漢地本土僧人，不存在漢語言說問題；因此，大薦福寺翻經院所設「證譯」之職，應該是審查文字翻譯，而不是口譯，並由具備外國語言優勢兼通曉漢語的東天竺瞿金剛、迦濕彌羅國王子阿順、龍播國（地理位置不詳）李輸羅充任。

【證義】

據〈譯經篇·論〉，「證義」是「證已譯之文所詮之義」，也就是說「證義」之職是負責檢校的譯文所顯的義理是否符合原文的內容；因此，「證義」一職乃由精通三藏、佛學造詣高深的大德法師擔任。如大薦福寺勝莊善習唯識、律學，著有《成唯識論注樞要》、《成唯識論決》、《成唯識論要集》、《阿毘達磨雜集論疏》、《阿毘達磨雜集論述記》、《瑜伽師地論疏》、《顯揚聖教論略述章》、《梵網經菩薩戒本述記》等。又如淄州大雲寺慧沼，亦精通唯識之學，與窺基、智周共為世人尊稱為唯識三祖，曾撰《法華玄贊義決》、《能顯中邊慧日論》、《金光明最勝王經疏》、《因明入正理論義斷》、《因明入正理論義纂要》等。其餘智積、道琳、利明、道恪、玄傘、慧傘等人或為寺主，或為律師，皆為學養豐富的具德法師。

【證文】

玄奘譯場首設「證文」之職，高宗、武周時沿用。志磐《佛祖統紀・卷四十三・法運通塞志》謂「證文」的職責是「聽譯主高讀梵文以驗差誤」。若如志磐所言，那麼「證文」即前述負責審查梵本語文問題的「證梵文／證梵本」。

然而，貞觀二十二年（西元六四八年），玄奘於長安弘福寺譯出《瑜伽師地論》時，譯場職司有：「主譯」、「筆受」、「證文」、「正字」、「證梵語」、「證義」、「監閱」。若「證文」負責檢驗梵語、梵文，「證梵語」又屬何職務？

《瑜伽師地論》的翻譯是由義學僧人辨機、靖邁、行友、道智、玄忠等五人擔任「證文」，而「證梵語」者僅有玄謨一人。假設如〈法運通塞志〉所言，「證文」只是負責檢驗「主譯」所讀梵文有否錯誤，何需五位通曉佛法的僧人共驗？

或許，「證文」的實際職責是審核中文譯語，確保傳譯為中文的經句能無誤地詮述原文的內涵；譯文義理的檢驗則由「證義」負責，兩者相互合作審查譯經文義。至於「證梵語」則是審核梵本的語文解讀問題。

義淨譯場最初仍保留「證文」，至大薦福寺翻經院的設置已去掉「證文」之職，梵本的文義審查分別由「證梵文/證梵本」和「證梵義」負責，中文譯本的文義檢驗則由「證譯」和「證義」承擔。

【綴文】

「綴文」是將筆受譯為中文的經句連綴成篇。有些譯場筆受亦同時兼任綴文，而在義淨的譯場則由義淨本人親自擔任綴文。

【正字】

「正字」者即檢核譯文所用文字是否合適；因此，擔任「正字」者不僅需要熟悉梵、漢兩語，同時也須精通中國文字、聲韻、訓詁等小學。

義淨的親教師善遇擅長文字音義之學，義淨受教於善遇，亦通達這方面的學問，因此義淨具備足夠的條件負責「正字」一職。在大福先寺譯場和大薦福寺翻經院則分別由盧粲和智積協助核定文字。

【潤文／潤色】

「潤文」是為譯文作修飾。「潤文」需具備一定的文字功力；因此，「潤文」皆為文筆不凡的在職官員擔任。

【抄寫】

經典譯文最後定稿完成後，由書手以官方規定的字體謄清抄寫一篇，而後方進呈宮內。大薦福寺翻經院的抄寫員，是祕書省楷書令史趙希令。

【監譯】

玄奘譯場有「監護」一職，皆由在朝官員擔任，義淨譯場的「監譯」應該是同一職司。據〈譯經篇．論〉，「監護」是「監掌翻譯事，詮定宗旨。」觀大薦福寺翻譯院的「監譯」共多達三十餘位官員，從三品宰相到六品以下修文館直學士皆為文官，這麼龐大的「監譯」團隊是實際參與譯經工作，抑或只是掛名而已，則不得而知。

【其他】

大薦福寺的譯經職司名單中另有三名職責不詳的人員，即殷庭龜、劉令植和李邕。從他們的官職來看，應該是負責文書管理的任務。

義淨譯經有在譯文中夾注的特色；這些夾注，有不少是說明譯語選用原因並指出前人譯語不妥之處。例如《根本說一切有部毘奈耶·卷十五·汙家學處》中，義淨就「懺摩」一詞補充說：

言「懺摩」者，此方正譯，當乞容恕、容忍、首謝義也。若觸誤前人欲乞歡喜者，皆云懺摩；無問大小，咸同此說。若「悔罪」者，本云「阿鉢底提舍那」，「阿鉢底」是「罪」，「提舍那」是「說」，應云「說罪」。云「懺悔」

者，「懺」是西音，「悔」是東語，不當請恕，復非說罪，誠無由致。

義淨認為，就「請求容恕」的概念而言「懺摩」是正確的譯法，而譯為「懺悔」者，是音譯和意譯相結合；但是，「懺」是請恕的意思，而「悔」是源自「阿鉢底提舍那」，意為「說罪」；如此將兩個不同概念的語詞放在一起，實在無法傳達原文的意義。或許這是義淨多採用音譯的方式來翻譯專有名相的原因之一，因為有些語義無法完整地用漢語表達。

欲將一種語文精確無誤地轉換為另一種語文是非常不容易的事，除了必須精通這兩種語言，還必須對使用該語言的地域文化習俗等有一定的認識。義淨雖然熟諳漢、梵兩語，但他畢竟不是印度文化背景中成長的人；因此，在他的譯場中，負責審核原文和譯文的職務分工細緻；從職司人員的身分來看，應該都是具有符合該職務的專業才能。由此可見義淨對於翻譯工作的謹慎態度，以及對譯語準確度的重視。

一、根本說一切有部律

如前章所述，印度佛教在佛陀入滅後分化為不同的部派，這些部派皆有其傳持的律典。雖然其中大部分湮沒於歷史長流中，但有少數幾個部派的律典——包括廣律、戒經、律論、羯磨法等，隨著佛教傳入中國而得以在漢地翻譯、弘傳，留存後世。現存義淨譯經時期以前譯出的律典如下：

（一）說一切有部（薩婆多部）

【廣律】

〔姚秦〕弗若多羅、鳩摩羅什等譯，《十誦律》六十一卷

【戒經】

〔姚秦〕鳩摩羅什譯，《十誦比丘波羅提木叉戒本》一卷

〔劉宋〕法顯集，《十誦比丘尼波羅提木叉戒本》一卷

【羯磨法】

〔失譯人名〕《大沙門百一羯磨法》一卷

〔劉宋〕僧璩依律撰出，《十誦羯磨比丘要用》一卷

【律論】

〔失譯人名〕《薩婆多毘尼毘婆沙》九卷

〔失譯人名〕《毘尼母經》八卷

〔劉宋〕僧伽跋摩譯，《薩婆多部毘尼摩得勒伽》十卷

（二）法藏部（曇無德部）

【廣律】

〔姚秦〕佛陀耶舍、竺佛念等譯，《四分律》六十卷

【戒經】

〔唐〕懷素集，《四分律比丘戒本》一卷

〔姚秦〕佛陀耶舍譯，《四分僧戒本》一卷

〔唐〕懷素集，《四分比丘尼戒本》一卷

【羯磨法】

〔曹魏〕康僧鎧譯，《無德律部雜羯磨》一卷

〔曹魏〕曇諦譯，《羯磨》一卷

〔劉宋〕求那跋摩譯，《四分比丘尼羯磨法》一卷

（三）大眾部

【廣律】

〔東晉〕佛陀跋陀羅、法顯譯，《摩訶僧祇律》四十卷

【戒經】

〔東晉〕佛陀跋陀羅譯，《摩訶僧祇律大比丘戒本》一卷

〔東晉〕法顯、覺賢譯，《摩訶僧祇比丘尼戒本》一卷

（四）化地部（彌沙塞部）

【廣律】

〔劉宋〕佛陀什、竺道生等譯，《彌沙塞部和醯五分律》三十卷

【戒經】

〔劉宋〕佛陀什等譯，《彌沙塞五分戒本》一卷

〔梁〕明徽集，《五分比丘尼戒本》一卷

【羯磨法】

〔唐〕愛同錄，《彌沙塞羯磨本》一卷

（五）飲光部（迦葉遺部）

【戒經】

〔北魏〕般若流支譯，《解脫戒經》一卷

（六）赤銅鍱部（在斯里蘭卡弘傳的分別說部）

【律論】

〔蕭齊〕僧伽跋陀羅譯，《善見律毘婆沙》十八卷

（七）正量部

【律論】

〔陳〕真諦譯，《律二十二明了論》一卷

義淨譯經中以律典的卷帙最多，現存共有十八部一百九十八卷，皆為根本說一切有部僧團所持誦、遵行的戒法、制度。根本說一切有部源自說一切有部，

說一切有部的律藏是《十誦律》。因為地緣等因素，律藏內容在不同的時空逐漸有所改變，形成《根本說一切有部律》。

義淨譯出的十八部根本說一切有部律典，包括了廣律、戒經、律論、羯磨法四類。以下分別一一說明：

（一）廣律

「廣律」即「律藏」，又稱為「毘奈耶藏」、「毘尼藏」（巴利語 vinayapiṭaka）。現存巴利語律藏主要是由「經分別」、「犍度」、「附隨」三大部分所組成。漢譯廣律共有五部，即《十誦律》、《四分律》、《摩訶僧祇律》、《五分律》，以及義淨所譯的《根本說一切有部毘奈耶》。

各部漢譯廣律的結構並不一致，不過在內容方面亦大致可以分為「經分別」、「犍度」以及類同「附隨」的附錄篇章。從義淨所譯根本說一切有部的律典來看，他將廣律中三大類內容分別譯為以下獨立的部帙：

【經分別】

「經分別」（巴利語 suttavibhanga）是出家戒法中止持的部分，即「波羅提木叉」（巴利語 pātimokkha），也就是比丘、比丘尼言行上的禁戒。若單獨條列戒相，是為「波羅提木叉經」，也就是「戒經」或「戒本」。巴利語的「分別」（vibhanga）有解析的意思，而「廣律」是詳細解說各條戒相的制戒因緣、罪行、罪名、懲處、例外情況等等，故而稱為「經分別」。「經分別」的內容又分為比丘戒法和比丘尼戒法兩大類，義淨分別譯為：

《根本說一切有部毘奈耶》五十卷（比丘戒經分別）

《根本說一切有部苾芻尼毘奈耶》二十卷（比丘尼戒經分別）

兩部毘奈耶皆內含七大項學處：「波羅市迦法」、「僧伽伐尸沙法」、「泥薩祇波逸底迦法」、「波逸底迦法」、「波羅底提舍尼法」、「眾（多）學法」、「滅諍法」，而《根本說一切有部毘奈耶》則多了特為比丘所設的「二不定法」。

【犍度】

「犍度」（巴利語 khandhaka），又作「揵度」、「建陀」等，意譯為「蘊」、「聚」、「眾」、「分段」等，引申為同類法聚匯在一起的篇章。犍度是僧伽律儀中作持的部分，內容包括了僧團或個人在受戒、布薩、安居、衣、食、住、藥等方面的規制。義淨所譯犍度有以下八部：

《根本說一切有部毘奈耶雜事》四十卷
《根本說一切有部毘奈耶出家事》四卷
《根本說一切有部毘奈耶安居事》一卷
《根本說一切有部毘奈耶隨意事》一卷
《根本說一切有部毘奈耶皮革事》二卷
《根本說一切有部毘奈耶藥事》十八卷
《根本說一切有部毘奈耶羯恥那衣事》一卷
《根本說一切有部毘奈耶破僧事》二十卷

據《開元釋教錄》（成書於開元十八年〔西元七三〇年〕），義淨所譯《根本說一切有部毘奈耶》的犍度類律典共有七、八十卷，其中有一部分雖已譯出，卻未來得及刪綴義淨就去世了，因此實際奏行的只有《根本說一切有部毘奈耶雜事》，《開元釋教錄》便僅收錄此書。

後來，圓照奉唐德宗之命編撰《貞元新定釋教目錄》（成書於貞元十五年〔西元七九九年〕）時，搜撿到《開元釋教錄》未收入的《根本說一切有部毘奈耶出家事》等七部犍度部，並奏請記入《貞元新定釋教目錄》。如斯八部犍度律合共八十七卷，雖然總卷數接近《開元釋教錄》所記「七、八十卷」之數，但也只是漢譯的部分，而非《根本說一切有部毘奈耶》的全部犍度內容。

根本說一切有部的廣律另有西藏語譯本，其中與犍度有關的內容分別記述在〈毘奈耶事〉和〈毘奈耶雜事〉。〈毘奈耶雜事〉即義淨所譯《根本說一切有部毘奈耶雜事》，而〈毘奈耶事〉則分為十七事：一、出家事，二、布薩事，三、隨意事，四、安居事，五、皮革事，六、藥事，七、衣事，八、羯恥那衣事，

九、拘睒彌事，十、羯磨事，十一、黃赤事，十二、補特伽羅事，十三、別住事，十四、遮布薩事，十五、臥具事，十六、諍事，十七、破僧事。這十七事中義淨只譯出其中七項。

【附錄】

巴利律藏的附錄意譯為「附隨」（巴利語 parivāra），是巴利律藏中專門收編與律部相關篇章的部帙。漢澤各部廣律並沒有特別為附錄的篇章別立「附隨」，而是以個別篇章的形式收錄在經分別和犍度之後，所收篇章亦多寡不一。

義淨譯所譯律典中屬於廣律附錄的部分只有《根本說一切有部尼陀那目得迦》十卷，而根本說一切有部廣律的附錄並不只有這些內容，如《根本薩婆多部律攝》卷一攝頌曰：

佛說廣釋並諸事　尼陀那及目得迦
增一乃至十六文　鄔波離尊之所問

摩納毘迦申要釋　比尼得迦並本母
我今隨次攝廣文　令樂略者速開悟

《根本薩婆多部律攝》是根本說一切有部廣律的注釋書。偈頌中的「佛說」是指比丘、比丘尼戒等佛所制定的戒律，「廣釋」是經分別，「諸事」是犍度，這些都是廣律的主要內容，而「尼陀那」、「目得迦」、「增一乃至十六文」、「鄔波離尊之所問、「摩納毘迦申要釋」、「比尼得迦」、「本母」皆是廣律的附錄。其中附錄的部分義淨只譯出〈尼陀那〉和〈目得迦〉，也就是《根本說一切有部尼陀那目得迦》。

《根本說一切有部尼陀那目得迦》分為〈尼陀那〉和〈目得迦〉各五卷。「尼陀那」，梵語 nidāna，意譯為「因緣」；「目得迦」，梵語 itivṛttaka，意譯為「本事」。〈尼陀那〉和〈目得迦〉又各分為五門，內容主要是犍度諸事以及其餘雜事的補述。

除了廣律的部卷，與廣律相關但不屬於廣律的律典尚有《根本說一切有部毘奈耶頌》。此頌共有五卷本和三卷本，今存三卷本，是毘舍佉為比丘經分別和犍度諸事所造的偈頌。另有《根本說一切有部毘奈耶雜事攝頌》一卷、《根本說一切有部毘奈耶尼陀那目得迦攝頌》一卷，仍是將《根本說一切有部毘奈耶雜事》、《根本說一切有部尼陀那目得迦》中的偈頌另行摘錄別行。

從前述的介紹中可以瞭解到，現存漢譯根本說一切有部的廣律並不完整。其中原由應該不是義淨攜回大唐的梵本不完整，而是他還未來得及完成翻譯就已亡故，因此義淨才會在臨終遺書中慨嘆：「所譯之經虔敬無盡，未翻之典愧恨彌深。不得盡本心，不得終本願。」

（二）戒經

「戒經」是比丘、比丘尼波羅提木叉的集本，亦稱「波羅提木叉經」、「戒本」等。僧團每半月集合布薩時都會誦出戒經，提醒勿犯並審察有無違犯。義淨所譯戒經分別有：

《根本說一切有部戒經》一卷

《根本說一切有部苾芻尼戒經》一卷

前者為比丘戒經，錄有二百五十條比丘戒相；後者為比丘尼戒經，共計三百五十八條戒相。

（三）律論

有《根本薩婆多部律攝》十四卷。

《根本薩婆多部律攝》，又稱為《薩婆多部律攝》、《有部律攝》，為印度勝友所撰，是解釋根本說一切有部廣律的論書。佛經目錄記有二十卷本和十四卷本，今存十四卷本。

（四）羯磨法

有《根本說一切有部百一羯磨》十卷。

「羯磨」（梵語 karma），意譯為「業」、「造作」、「行為」等。戒律中的羯磨法是施行於各種需要集合僧團大眾共同處理的事務之相關規制。義淨所譯《根本說一切有部百一羯磨》原是散見於律藏中，前人為方便參考使用，乃從律中摘出別行。義淨為釋疑故，特在卷末說明曰：「右此羯磨言百一者，蓋是舉其大數，於大律中撿，有多少不同，乃是以類相收，無違妨也。又復聖許為單白成，為白二、白四成，據理相應，通融可足。比由羯磨本中與大律二百餘卷相勘，為此尋撿極費功夫，後人勿致遲疑也。」

二、陀羅尼經

陀羅尼經類即密教的經典。密教又稱為「密乘」、「金剛乘」、「怛特羅佛教」、「祕密大乘佛教」等。印度密教的興起源於戒日王朝覆滅後五百年間（約七世紀中至十二世紀）印度教的復興。當時印度教勢大，佛教處於弱勢，為求立足存世，遂因應時代潮流吸收印度教的特色為己用。當代學者將密教的發展分為三期：初期雜密、中期純密、後期左道密。

雜密並不重視教義的建立，而是著重藉由明咒、瑜伽、護摩三種事相的作法，以成就功德、求福禳災、調御鬼神為目的。明咒是源自《吠陀》以咒語為主導的術法；瑜伽來自是婆羅門禪法；護摩本為婆羅門的火供修法。

義淨在印度遊學時正是密教初興的雜密時期。他在《大唐西域求法高僧傳．道琳傳》中詳述了道琳修習明咒的經歷。義淨本身在那爛陀留學期間也曾花了一段時間修習明咒，後來因為達不到功效而放棄。以下為義淨所譯各部雜密經典：

《莊嚴王陀羅尼呪經》一卷

《善夜經》一卷

《曼殊室利菩薩呪藏中一字呪王經》一卷

《大孔雀呪王經》三卷

《香王菩薩陀羅尼呪經》一卷

《一切功德莊嚴王經》一卷
《觀自在菩薩如意心陀羅尼呪經》一卷
《佛頂尊勝陀羅尼經》一卷
《拔除罪障呪王經》一卷
《療痔病經》一卷
《稱讚如來功德神呪經》一卷

呪語是音聲的力量。因此歷來呪語的翻譯皆採音譯的方式。《宋高僧傳》的作者贊寧讚歎義淨「傳密呪最盡其妙，二三合聲，爾時方曉矣」。精確的音譯呪語乃義淨譯經貢獻之一，這也表示了義淨對於音譯準確度的重視和要求。

三、瑜伽行唯識學派論典

瑜伽行唯識學派是印度大乘佛教學派之一。此學派的重要論典（本書第二章義淨遊學洛陽的段落有相關介紹）經玄奘的翻譯和弘傳而得以在中國完整流通。義淨的譯著中也有世親、陳那、護法等瑜伽行唯識學派重要論師的論著。

以下簡述義淨所譯各部論書：

《能斷金剛般若波羅蜜多經論釋》三卷

無著造頌、世親論釋。義淨譯本為現存北魏菩提流支所譯《金剛般若波羅蜜經論》的同本異譯。本書是闡述《金剛經》義旨的《能斷金剛般若波羅蜜多經論頌》之注釋書。

相傳《能斷金剛般若波羅蜜多經論頌》是彌勒所造，義淨譯為漢語，共一卷，仍標示無著造頌。另義淨亦重新翻譯了《金剛經》，名為《能斷金剛般若波羅蜜多經》，是《金剛經》六個漢譯本中的最後一譯。

《六門教授習定論》一卷

無著造頌，世親釋義。論中首句曰：「今欲利益一切有情，令習世定及出世定，速能捨離諸煩惱故，述此方便。」由此可知論中所述是以捨離煩惱，解脫生死輪迴為目的的禪法習要。初頌總標「六門」：「求脫者積集，於住勤修習，得三圓滿已，有依修定人」，據此頌分列「六門」如下——

一、「求脫」：述說求解脫者習定的動機和目標。

二、「積集」：列明修行所應儲備的資糧。

三、「於住勤修習」：論述習定的前行方便和習定不同的歷程和對應的方法。

四、「三圓滿」：分述師資、所緣、作意三種圓滿的條件。

五、「有依」：解析不同層次的奢摩他（梵語 śamatha，意譯為「止」）和毘鉢舍那（梵語 vipaśyanā，意譯為「觀」）。

六、「修定人」：說明世間、出世間的果報。

《止觀門論頌》一卷

世親造。本書全為頌文，共一百五十四句，內容是說明不淨觀的修習方法。

《掌中論》一卷

陳那造。陳那（生卒年不詳），梵語 Dinnāga，意譯「域龍」，又稱 Mahādinnāga，意譯「大域龍」，佛教因明學的重要論師，為世親的弟子。《掌中論》以蛇、繩、瓶、衣等譬喻，闡述萬法唯心的觀點。論述結構是以長行形式論述，並結合四句偈含攝要旨。《掌中論》為重譯本，是現存陳朝真諦譯《解捲論》一卷的同本異譯。

《取因假設論》一卷

陳那造。論中起始即開宗明義曰：「為遮一性、異性、非有邊故，大師但依假施設事而宣法要，欲令有情方便趣入，如理作意、遠離邪宗，永斷煩惱。如是三邊，皆有過故，我當開釋。此中取因假設，略有三種：一者總聚、二者相續、三者分位差別。」陳那主張佛陀為令眾生聞法趣入、如理作意，進而遠離邪宗，永斷煩惱，故而依假施設事說法，這是佛陀度化有情的方便手法。陳那於論中歸納論述「假設」所立之「因」為「總聚」、「相續」、「分位差別」

三種，以此破除有情執於「一性」、「異性」、「非有」等。

《因明正理門論》一卷

陳那造。本論為現存玄奘所譯《因明正理門論本》一卷的同本異譯。此論是闡述新因明論式的著作，首句開宗明義曰：「為欲簡持能立、能破義中真實，故造斯論」。「能立」是圓滿無瑕，讓問難者能真正理解所述論義的立論；「能破」是成功令問難者清楚知道他自己的立論不合理之處的駁論。本論內容即簡別、分析「能立」和「能破」之義。

《觀總相論頌》一卷

陳那造。全書皆為頌文，共四十四句偈頌。諸法有總相、別相的差別，本頌所述為總相之義。

《成唯識寶生論》五卷

護法造。護法（生卒年不詳），梵語 Dharmapāla，是陳那的弟子，唯識學著名論師，玄奘於那爛陀寺親近習論的師長戒賢即護法的弟子。《成唯識寶生論》又稱《二十唯識順釋論》、《二十唯識頌釋論》，為世親《唯識二十論》的注釋書。印度眾多的《唯識二十論》注釋書中，僅有此論因義淨的翻譯而得見於漢土。

《觀所緣論釋》一卷

護法所造。此書又稱為《觀所緣論釋》、《觀所緣釋》，為陳那造、玄奘譯《觀所緣緣論》的注釋書。此書於明末共有兩部論疏，分別是明昱的《觀所緣緣論釋記》和智旭的《觀所緣緣論釋直解》。

《手杖論》一卷

釋迦稱造。釋迦稱，梵語Śākyakīrti，音譯「釋迦雞栗底」，室利佛逝瑜伽學派論師。義淨停留室利佛逝時曾親近習法。《手杖論》的內容是以本有種子論破斥有情新生論。

除了前述諸論，義淨還重新翻譯世親所造《法華論》五卷。此論為《法華經》的注釋書。義淨譯本是現存北魏菩提流支、曇林等合譯《妙法蓮華經憂波提舍》二卷的重譯本。

另義淨亦譯有陳那所造《集量論》四卷。《法華論》和《集量論》於景雲二年（西元七一一年）譯畢奏行，然而在智昇編撰《開元釋教錄》（成書於西元七三〇年）時就已佚失。

義淨譯出的瑜伽行唯識學派論典與玄奘的所譯論著相比，固然顯得很少，卻有補遺的作用。如陳那重要的因明論著共有八部：《觀三世論》、《觀總相論》、《觀境論》（即《觀所緣緣論》）、《因門論》、《似因門論》、《理門論》（即《因明正理門論（本）》）、《取事施設論》（即《取因施設論》）、《集量論》。玄奘譯出了《因明正理門論本》、《觀所緣緣論》，而義淨除了重譯《因明正理門論》，又翻譯了《取因施設論》、《觀總相論頌》、《集量論》，並譯出《觀所緣緣論》的注釋書《觀所緣論釋》。又世親所造《六門教授習定論》一卷、《止觀門論頌》一卷是瑜伽行唯識學派的定學典籍，此書的翻譯有助於世人研究、修習瑜伽行唯識學派的禪法。

四、《金光明最勝王經》

義淨所譯《金光明最勝王經》十卷是這部經典在漢地的最後一譯。最早的漢譯本是由北涼曇無讖譯出的四卷本《金光明經》。西元六世紀中，中國南、北方先後有二譯：真諦於南方建康（今南京）譯出《金光明帝王經》七卷（或云六卷），耶舍崛多在北方長安（今西安）譯出《金光明更廣大辯才陀羅尼經》五卷。

曇無讖譯本原分作十八品（現存曇無讖本共十九品），隋朝時，長安大興善寺僧人寶貴仿效前人合輯《首楞嚴》、《維摩》等經的作法，以曇無讖譯《金光明》為底本，再從真諦譯本二十二品中擷取曇無讖譯本所缺的〈三身分別品〉、〈業障滅品〉、〈陀羅尼最淨地品〉、〈依空滿願品〉，合為二十二品。

此二十二品中並無〈囑累品〉；寶貴認為《金光明經》法義玄奧，理應有稱揚受持、讀誦、廣為流通等功德的〈囑累品〉，推測先前諸譯本皆不完備，因此希冀尋得梵本，補足所缺品帙。隋開皇十七（西元五九七年），寶貴在北印度犍陀羅國僧人闍那崛多的協助下尋得梵本。梵本中果然有〈囑累品〉，並得前本所缺的〈銀主陀羅尼品〉。闍那崛多即在大興善寺翻譯這兩品，總合八卷二十四品《合部金光明經》。

義淨本《金光明最勝王經》十卷共分作三十一品：

〈序品第一〉　〈如來壽量品第二〉

〈分別三身品第三〉　〈夢見金鼓懺悔品第四〉

〈滅業障品第五〉　〈最淨地陀羅尼品第六〉

〈蓮華喻讚品第七〉　〈金勝陀羅尼品第八〉

〈重顯空性品第九〉　〈依空滿願品第十〉

〈四天王觀察人天品第十一〉　〈四天王護國品第十二〉
〈無染著陀羅尼品第十三〉　〈如意寶珠品第十四〉
〈大辯才天女品第十五〉　〈大吉祥天女品第十六〉
〈大吉祥天女增長財物品第十七〉　〈堅牢地神品第十八〉
〈僧慎爾耶藥叉大將品第十九〉　〈王法正論品第二十〉
〈善生王品第二十一〉　〈諸天藥叉護持品第二十二〉
〈授記品第二十三〉　〈除病品第二十四〉
〈長者子流水品第二十五〉　〈捨身品第二十六〉
〈十方菩薩讚歎品第二十七〉　〈妙幢菩薩讚歎品第二十八〉
〈菩提樹神讚歎品第二十九〉　〈大辯才天女讚歎品第三十〉
〈付囑品第三十一〉

慧沼在《金光明最勝王經疏》卷一提到，若依各品內容要旨按三分科經的方式將三十一品分為序分、正宗分、流通分，第一品〈序品〉是為序分，〈如來壽量品〉至〈依空滿願〉九品為正宗分，最後二十一品則為流通分。

現存《金光明經》注疏分別有：

〔隋〕智顗述、灌頂錄，《金光明經玄義》二卷、《金光明經文句》六卷

〔隋〕吉藏撰，《金光明經疏》一卷

〔唐〕慧沼著，《金光明最勝王經疏》六卷

〔宋〕知禮述，《金光明經玄義拾遺記》六卷、《金光明經文句記》六卷

〔宋〕從義撰，《金光明經玄義順正記》三卷、《金光明經文句新記》七卷

〔宋〕宗曉述，《金光明經照解》二卷

〔明〕受汰集，《金光明經科註》四卷

雖然自隋代始，歷代不乏闡述《金光明經》義理的著作，但真正讓《金光明經》流行華夏甚至日本等國，卻是經中懺悔、護國、諸天護法等思想所衍生的懺法和信仰。

在中國，最初有智顗依《金光明經》所造的《金光明懺法》。隋煬帝楊廣

為晉王時，因王妃蕭氏患病，醫治無效，故而向智顗求助。智顗為蕭妃建齋七日，行《金光明懺法》，至第六日即得瑞相現前，翌日蕭妃即病癒。灌頂所纂《國清百錄》卷一雖然收錄了智顗的《金光明懺法》，卻只有流程，並沒有完整的內容。

到了宋代，遵式造《金光明懺法補助儀》一卷，重新整理《金光明懺法》，除了完整補充流程所省略的內容，還加入了義淨譯本《金光明最勝王經》的偈文。另外，宋僧知禮亦造有《金光明最勝懺法》一卷。清朝時，弘贊依金光明經懺法供天的部分，另造《供諸天科儀》一卷。

與誦讀、書寫《金光明經》及行持懺法相關的感應故事並不少。除了在前面章節中提到的武則天供經瑞相，以及智顗為蕭妃行懺的感應，四卷本《金光明經》附有〈金光明經懺悔滅罪傳〉一文。明代僧人法汰也在他所撰《金光明經科註》卷末附上收錄了二十六則感應故事的〈金光明經感應記〉。宋代李昉等人所編《太平廣記》卷一一五〈報應十四〉記有李洽、鉗耳含光等人因抄寫

《金光明經》而免難的故事。除此之外，還有不少感應記散見於各類史傳中。從這些感應故事可見此經的信仰力量在漢地的影響。

《金光明經》傳入日本後，〈四天王品〉中的四天王護國思想極受推崇，與鳩摩羅什所譯《妙法蓮華經》、《仁王般若波羅蜜經》並尊為護國經典而受到皇室的大力推廣。白鳳五年（西元六七八年），天武天皇派遣使者到四方諸國宣講《金光明經》和《仁王經》。持統天皇八年（西元六九四年），天皇頒布一百部《金光明經》到全國各地，並規定每年正月十五都要誦讀此經。大寶二年（西元七〇三年），文武天皇命京畿轄區內各寺宣講《金光明經》。

聖武天皇在位期間，義淨的譯本傳入日本，聖武天皇遂於神龜五年（西元七二八年）命人書寫《金字金光明最勝王經》，每國各賜一部，並令各國建造七重塔作為供置《金字金光明最勝王經》之用。又命諸國抄寫《金光明最勝王經》、《妙法蓮華經》各十部，造僧寺各置二十僧，尼寺各十尼，僧寺統一名為「金光明四天王護國之寺」，尼寺則名為「法華滅罪之寺」，僧、尼每月八日讀誦《金光明最勝王經》。由此可見《金光明經》在日本流行的盛況。

義淨所譯《金光明最勝王經》不僅流傳到日本，此譯本傳出後又被譯為藏文、回鶻文、西夏文等，由重譯語言的多元性來看，諸漢譯本中以義淨譯本流通最廣。

五、《無常經》等短篇佛典

義淨的譯經除了前述典籍，尚有不少篇幅短小的經典。何以義淨將之帶回國並翻譯出來？或許從這些經典的內容中可以找到答案。

《無常經》又稱《三啟經》、《三啟無常經》，共一卷。現存《無常經》是由偈頌和長行組成，全文僅一千四十餘字，而偈頌體佔較多的篇幅。經文中佛告誡比丘，老、病、死這三種法於諸世間是不可愛、不光澤、不可念、不稱意的，由於世間存在此三種法，佛陀才會出現於世為諸眾生說法，令眾生能調伏煩惱，解脫世間。

據《南海寄歸內法傳》卷四〈讚詠之禮〉云，此經前後偈頌是馬鳴集造。前面十餘頌依經義讚歎三寶，後十餘偈則是回向、發願。因經文分成馬鳴所造偈頌和佛說正經三節，故名《三啟》。現存《無常經》卷末附有〈臨終方訣〉，內容是記述比丘、比丘尼等為臨終者開示、誦經、助念的流程和方法。文中還提到若病人樂生淨土，說法者可為病人說佛土因緣，並依《觀無量壽經》所述，教授病者西方淨土十六觀法。

〈讚詠之禮〉詳述了東印度港口城市耽摩立底的僧團以《無常經》作為日常課誦用途的情況：

每日黃昏之時，僧眾出門到寺院附近的佛塔，先是繞塔三圈，再以香、華設供，然後大眾蹲踞在塔前，令能者讚詠佛之功德十頌或二十頌。讚誦畢，大眾依次回到寺中，在日常聚會的地方集合坐定，令一經師升師子座。此師子座置於上座之前，高度適宜，並不高大。經師升座後會讀誦一些經典，一般上會誦《三啟經》。誦經畢，大眾皆云「蘇婆師多」，意為「妙語」，乃讚歎所誦經典是微妙語，或呼「娑婆度」，意為「善哉」。大眾稱讚畢，經師旋即下座。此時，位首的上座先起身，依次禮師子座、聖僧座，禮畢還歸本處。接著第二上座起立，先依次禮師子座、聖僧座，然後再禮位首上座。如此與會大眾依序起身作禮直到最後一人。若聚會的人數較多，過三、五人後其餘眾人只需望眾起禮，然後就可以解散。

除了日常課誦之用，《無常經》也用在比丘喪葬儀式中。據《根本說一切有部毘奈耶雜事》卷十八，佛陀允許比丘死後可以火葬。若軀體上有膿瘡，焚燒之前先觀察是否有蟲，無蟲方可燒之。至於人體中原有的八萬蟲，因是隨人而生，人死即死，故燒之無過。如果無柴可供火葬，則可將屍首投棄河中。若附近沒有河，則埋入土中。若時值盛夏，土地潮溼多蟲，可在草木叢生的樹林深處，將遺體頭朝北方右脇而臥置於地上，以草紮成枕支頭，再用草葉覆蓋身上。送喪的比丘可令能者誦《無常經》，並說偈頌為亡者咒願。送葬畢回寺前應先洗浴，有接觸到遺體者連衣服也要洗，若未接觸屍首，則只需清洗手足。另外，在《根本說一切有部毘奈耶》卷四十三〈非時入聚落不囑苾芻學處〉亦記有在喪禮中誦《無常經》的情況，而《南海寄歸內法傳．卷二．尼衣喪制》也有相關的記載。

又據《根本說一切有部毘奈耶．卷二十七．壞生種學處》，佛陀規定比丘若因營造的需要而砍樹時，在斬伐樹木前七、八日，須先在樹下設曼荼羅（梵語 maṇḍala，意譯壇場、壇城、道場等），供置香、花、各種祭食，並誦《三啟經》，再請耆宿比丘作特欬拏（梵語 dakṣiṇā，意譯為達嚫，意指財施，是比丘回報布施者的一種行法），說十善道以讚歎善業，然後語告樹神：「此樹今為三寶有所營作，再過七、八日就會來砍樹，請樹神移往別處依附。」若正式伐樹時出現異相，應先讚歎施捨功德，再說慳貪之過。若說法畢仍現異相，則不可繼續伐樹。若沒有異相則可伐之。

從藏經中尋得的事例，皆出自根本說一切有部律典，除了前述數例，尚有其餘讀誦《無常經》的記載。又，義淨在《南海寄歸內法傳》序文中提到，他在書中所記是根據根本說一切有部的情況，由此推測《無常經》流行於根本說一切有部僧團所在的地區。

雖然《無常經》在印度根本說一切有部弘教地域內廣為流傳，但義淨傳譯到中國後並未受到注意。

近代僧人弘一因研習根本說一切有部律而發現此經。法師唯恐《無常經》湮沒不傳，特寫信給善友丁居士，勸請流通。丁居士歡喜應允，請法師賜敘。法師在敘中列出流通、諷誦《無常經》的七大利益：

一、經中數說老病死三種法，不可愛，不光澤，不可念，不稱意。誦是經者，痛念無常，精進嚮道，其利一。

二、正經文字，不逾三百，益以偈頌，僅千數十。文約義豐，便於持誦，其利二。

三、佛許苾芻，惟誦是經，作吟詠聲。妙法稀有，梵音清遠，聞者喜樂，其利三。

四、此土葬儀誦經未有成軌；佛世之制，宜誦是經，毗柰耶藏，本經附文，及內法傳，皆詳言之，其利四。

五、斬草伐木，大師所訶。築室之需，是不獲已。依律所載，宜誦是經，並說十善。不廢營作，毋傷仁慈，其利五。

六、是經附文，臨終方決，最為切要。修淨業者，所宜詳覽。若兼誦經，獲益彌廣。了知苦、空、無常、無我，方諸安養樂國，風鼓樂器，水注華間，所演法音，同斯微妙，其利六。

七、生逢末法，去聖時遙；佛世芳規，末由承奉；幸有遺經，可資誦諷。每當日落黃昏，暮色蒼茫，吭聲哀吟，諷是經偈。逝多林山，窣堵波畔，流風遺俗，彷彿遇之，其利七。

《無常經》因弘一法師的勸請流通及列述其利，此經在近世方為人所知曉，並將之納入佛教喪葬儀規之中。

除了《無常經》，義淨尚譯有其餘短篇經典如：總說四聖諦的《三轉法輪經》，述苦、空、無常等苦諦行相的《五蘊皆空經》，說有情生死流轉因緣及過患的《大乘流轉諸有經》、《妙色王因緣經》、《譬喻經》，針對出家弟子作教誡的《略教誡經》，作為在家弟子修行指南的《龍樹菩薩勸誡王頌》，明持誦「諸行無常」、「一切皆苦」、「諸法無我」、「寂滅為樂」四法印的殊勝功德之《佛為海龍王說法印經》等等。這些闡述根本教義、內容簡短的經典，或許也是根本說一切有部僧團日常課誦之經。

雖然這些短篇經典亦如同《無常經》一般，在譯出後並未受到關注，卻可以從這些經典的翻譯瞭解到義淨對於佛法核心要義的重視。

義淨所處的年代，中國佛教已然發展出獨有的天台、法相、淨土、華嚴、三論、禪宗、律宗等宗派思想體系，學說著述卷帙也日益繁雜。在這樣的時代環境中，義淨對如法依律生活的堅持，再加上他對根本佛法的正視，無疑是一股回歸佛陀本懷的清流。

附錄

義淨大師年譜

歲數	西元	唐朝帝號	年號
一歲	六三五	太宗	貞觀九年
	出生於齊州山茌縣張家。		
七歲	六四一	太宗	貞觀十五年
	於齊州城西四十餘里處土窟寺剃度為形同沙彌。依善遇為親教師、慧智為軌範師。		
七歲至十二歲	六四一至六四六	太宗	貞觀十五年至貞觀二十年
	依親教師善遇學習經史、詩詞、文字音義之學等世間學問。		
十二歲	六四六	太宗	貞觀二十年
	親教師善遇去世。從此棄捨外學，專志內典。		
十四歲	六四八	太宗	貞觀二十二年

玄奘建議太宗度僧。太宗接納建議，遂於全國敕度僧人一萬七千人。義淨亦在受度之列，正式納入僧籍，成為官方許可的僧人。

十七歲

六五一　高宗　永徽二年

據義淨的遺書，他於十七歲「思遊五印之都」。

十八歲

六五二　高宗　永徽三年

義淨在《南海寄歸內法傳·卷四·古德不為》篇云：「十八擬向西天」。

二十一歲

六五五　高宗　永徽六年

義淨足歲二十，虛歲二十一，從軌範師慧智受比丘具足戒。

二十一歲至二十五歲

六五五至六五九　高宗　永徽六年至顯慶四年

義淨受具足戒後，五年內依止軌範師慧智研習律典、法礪、道宣的律疏。經慧智考核通曉戒律後，始聽講大乘經典。

二十六歲至三十六歲

六六〇至六七〇　高宗　顯慶五年至咸亨元年

離寺遊學，於洛陽、長安學習阿毘達磨、《攝大乘論》、《俱舍論》，以及唯識諸論。

三十六歲　六七〇　高宗　咸亨元年
在長安與并州處一、萊州弘褘等人相約同往印度。因年老的師長慧智尚在，不敢私自遠行，故先回到齊州土窟寺請示慧智。

三十七歲　六七一　高宗　咸亨二年
徵得師長慧智的允許，辭師遠行，從齊州出發，夏天時抵達揚州結夏安居。
初秋，安居結束，隨龔州郡守馮孝詮往岡州，接受馮氏家眷供養旅資。
十一月，與弟子善行搭上波斯商船出海。
十二月，抵達室利佛逝。

三十八歲　六七二　高宗　咸亨三年
停留室利佛逝六個月學習聲明。弟子善行因病返回大唐。
八月，乘王船往末羅瑜國。
十月，往羯茶國。
十二月，仍乘王船離開羯茶國繼續北行。

三十九歲　六七三　高宗　咸亨四年

二月八日，抵達東印度耽摩立底國，遇大唐僧人大乘燈，停留此地學習梵語、聲論。

四十歲

六七四　高宗　咸亨五年（八月改元上元）

五月，與大乘燈隨百人商隊前往那爛陀寺。途中因病落單，遭賊攔劫一空，片布不剩。艱難前進，與隊伍會合。終至那爛陀寺。

四十歲至五十一歲

六七四至六八五　高宗　咸亨五年至睿宗垂拱元年

留學那爛陀寺並遊歷各地佛寺及佛陀聖地。

五十一歲

六八五　睿宗　垂拱元年

離開那爛陀寺東往耽摩立底國，途中又再次遭遇劫賊。

冬天，於耽摩立底國乘船離開印度東返大唐。

五十二歲

六八六　睿宗　垂拱二年

二月，抵達已屬於室利佛逝版域的羯荼國。

五十三歲

六八七　睿宗　垂拱三年

二月，抵達同樣被室利佛逝所佔領的末羅瑜。

五月，離開末羅瑜往室利佛逝。

五十四歲 六八八 睿宗 垂拱四年

停留室利佛逝，隨瑜伽行唯識學派僧人釋迦雞栗底習法。

五十五歲 六八九 睿宗 永昌元年（十一月改元載初）

到室利佛逝港口登上開往廣州的商船準備寄信，想請大唐友人購買翻譯所需文具，及聘僱譯經助手。未料船主見風至便揚帆起航，義淨無法回岸，只得隨船返國。七月二十日抵達廣州。十一月一日，與貞固、懷業、道宏、法朗一同搭乘商船離開廣州到室利佛逝。

五十六歲至五十七歲 六九〇至六九一 睿宗 載初元年至（武則天）天授二年（載初元年九月，武則天登位，改國號大周，改元天授）

停留室利佛逝著述、譯經。

五十七歲 六九一 武則天 天授二年

五月十五日，大津受義淨之請，將其著作《南海寄歸內法傳》、《大唐西域求法高僧傳》及新譯經論帶回大唐。是日起航離開室利佛逝。

五十八歲至五十九歲　六九二至六九三　武則天　天授三年至長壽二年（天授三年四月改元如意，九月改元長壽）

停留室利佛逝。

五十九歲　六九三　武則天　長壽二年

與貞固、道宏離開室利佛逝，返回大唐。

六十歲　六九四　武則天　長壽三年

已返抵大唐，然而行蹟不明。

六十一歲　六九五　武則天　證聖元年

抵達洛陽，武則天於上東門外親迎。先是敕於佛授記寺安置，後又移住大福先寺。

六十一歲至六十五歲　六九五至六九九　武則天　證聖元年至聖曆二年

在大遍空寺譯場參與西域沙門實叉難陀主譯的《華嚴經》翻譯。義淨與南印度沙門菩提流志共同宣讀梵本。

六十六歲至六十七歲　七〇〇至七〇一　武則天　聖曆三年至大足元年（聖曆元年五月改元久視，大足元年十月改元長安）

住大福先寺，開始主譯帶回來的經典。

六十八歲至六十九歲　七〇二至七〇三　武則天　長安二年至長安三年

移居長安西明寺，在此處繼續譯經工作。

七十歲　七〇四　武則天　長安四年

四月，受少林寺寺主義獎等人的邀請，前往少林寺重結戒壇，並撰〈少林寺戒壇銘（並序）〉記錄此事。

七十一歲　七〇五　中宗　神龍元年

敕於洛陽內道場翻譯《大孔雀呪王經》。後繼續在大福先寺譯經。

七月十五日，義淨共譯經四佉，皇帝特為新譯經典撰《三藏聖教序》，並親御洛陽城西門向諸侯百官宣示新經。

七十二歲

七〇六　中宗　神龍二年

隨駕前往長安。皇帝將義淨安置在大薦福寺，並於寺中設置翻經院供義淨譯經。

七十三歲

七〇七　中宗　神龍三年（九月改元景龍）

受詔與眾譯經沙門一同在宮中道場坐夏三月，並翻譯《藥師琉璃光七佛本願功德經》。皇帝李顯親任筆受。

七十三歲至七十六歲

七〇七至七一〇　中宗　景龍元年至景龍四年（景龍四年七月，睿宗改元景雲）

於大薦福寺翻經院譯經。

七十六歲至七十七歲

七一一　睿宗　景雲元年至景雲二年

仍在大薦福寺翻經院譯經。

七十八歲

七一二　玄宗　太極元年（八月五日，玄宗改元先天）

二月二十二日，義淨示疾。門人崇勗為義淨繪像，並上呈睿宗。皇帝御製讚頌文。

七十九歲

七一三　玄宗　先天二年

正月十七日夜初，義淨寫下遺言。後夜，義淨於長安大薦福寺安祥示寂。

二月七日，葬於長安城延興門東陳張村閣院內。

義淨譯經、著作編年

義淨的譯經和撰著部卷數量，於僧傳、佛經目錄等資料在記載上稍有出入，其中包括有疑似非義淨所出者，如《天地八陽神呪經》、《梵語千字文》等；這種有意為之或誤植譯人名諱的現象，在各家經錄中並不罕見。

今綜合各家記錄並參考學者王邦維《南海寄歸內法傳校注》第一章第四節〈著譯編年目錄〉，按照完成年代編列現存義淨翻譯的六十一部共二百六十卷譯經以及六部共十卷著述，凡佚失的譯經和著述以及散見各書的詩文不納入此列。

為方便檢索查閱，各部著譯的書名和卷數謹依學術界普遍使用的藏經版本《大正新脩大藏經》所載著錄，另將義淨譯著疑偽錄附於末後。

一、譯經

久視元年（西元七〇〇年）五月五日，於洛陽大福先寺

一、《入定不定印經》一卷

久視元年十二月二十三日，於洛陽大福先寺

二、《長爪梵志請問經》一卷

三、《根本薩婆多部律攝》十四卷

大足元年（西元七〇一年）九月二十三日，於洛陽大福先寺

四、《彌勒下生成佛經》一卷

五、《莊嚴王陀羅尼呪經》一卷

六、《善夜經》一卷

七、《大乘流轉諸有經》一卷

八、《妙色王因緣經》一卷

九、《無常經》一卷

十、《八無暇有暇經》一卷

長安三年（西元七〇三年）十月四日，於長安西明寺

十一、《金光明最勝王經》十卷

十二、《能斷金剛般若波羅蜜多經》一卷

十三、《曼殊室利菩薩呪藏中一字呪王經》一卷

十四、陳那造《掌中論》一卷

十五、陳那造《取因假設論》一卷

十六、無著造《六門教授習定論》一卷

十七、《根本說一切有部毘奈耶》五十卷

十八、《根本說一切有部尼陀那目得迦》十卷

十九、《根本說一切有部百一羯磨》十卷

神龍元年（西元七〇五年），於洛陽內道場

二十、《大孔雀呪王經》三卷

神龍元年，於洛陽大福先寺

二十一、《香王菩薩陀羅尼呪經》一卷

神龍元年七月十五日，於洛陽大福先寺

二十二、《佛為勝光天子說王法經》一卷

二十三、《一切功德莊嚴王經》一卷

神龍三年（西元七〇七年）夏，於長安大內佛光殿

二十四、《藥師琉璃光七佛本願功德經》二卷

景龍四年（西元七一〇年），於長安大薦福寺翻經院

二十五、《佛為難陀說出家入胎經》二卷（《大寶積經》卷五十六、五十七〈佛說入胎藏會〉）

二十六、《觀自在菩薩如意心陀羅尼呪經》一卷
二十七、《佛頂尊勝陀羅尼經》一卷
二十八、《拔除罪障呪王經》一卷
二十九、《五蘊皆空經》一卷
三十、《三轉法輪經》一卷
三十一、《譬喻經》一卷
三十二、《療痔病經》一卷
三十三、《根本說一切有部苾芻尼毘奈耶》二十卷
三十四、《根本說一切有部毘奈耶雜事》四十卷
三十五、《根本說一切有部戒經》一卷
三十六、《根本說一切有部苾芻尼戒經》一卷
三十七、《根本說一切有部略毘奈耶雜事攝頌》一卷

三十八、《根本說一切有部毘奈耶尼陀那目得迦攝頌》一卷
三十九、毘舍佉造《根本說一切有部毘奈耶頌》三卷
景龍四年四月十五日，於長安大薦福寺翻經院
四十、《浴佛功德經》一卷
四十一、《曼殊室利呪藏中校量數珠功德經》一卷
四十二、護法造《成唯識寶生論》五卷
四十三、護法造《觀所緣論釋》一卷
景雲二年（西元七一一年），於長安大薦福寺翻經院
四十四、無著造《能斷金剛般若波羅蜜多經論頌》一卷
四十五、無著造、世親釋《能斷金剛般若波羅蜜多經論釋》三卷
四十六、大域龍造《因明正理門論》一卷
四十七、陳那造《觀總相論頌》一卷

四十八、世親造《止觀門論頌》一卷
四十九、釋迦稱造《手杖論》一卷
五十、摩咥里制吒造《一百五十讚佛頌》一卷

景雲二年閏六月二十三日，於長安大薦福寺翻經院

五十一、《稱讚如來功德神呪經》一卷
五十二、《佛爲海龍王說法印經》一卷
五十三、《略教誡經》一卷

翻譯時間不詳的典籍

五十四、《龍樹菩薩勸誡王頌》一卷
五十五、《根本說一切有部毘奈耶出家事》四卷
五十六、《根本說一切有部毘奈耶安居事》一卷
五十七、《根本說一切有部毘奈耶隨意事》一卷

五十八、《根本說一切有部毘奈耶皮革事》二卷
五十九、《根本說一切有部毘奈耶藥事》十八卷
六十、《根本說一切有部毘奈耶羯恥那衣事》一卷
六十一、《根本說一切有部毘奈耶破僧事》二十卷

二、著述

武周天授二年（西元六九一年），於室利佛逝

一、《大唐西域求法高僧傳》二卷

二、《南海寄歸內法傳》四卷

景雲二年（西元七一一年），於長安大薦福寺翻經院

三、《略明般若末後一頌讚述》一卷

撰著年代不詳的著述

四、《說罪要行法》一卷
五、《受用三水要行法》一卷
六、《護命放生軌儀法》一卷

三、疑僞錄

一、《天地八陽神呪經》一卷
二、《正了知王藥叉眷屬法》一卷
三、《梵語千字文》一卷

參考資料（依作者姓名筆劃排序）

一、古典文獻

〔梁〕僧祐撰，《出三藏記集》，《大正新脩大藏經》第五十四冊，「CBETA 電子佛典集成」，二〇一九年。
〔梁〕慧皎撰，《高僧傳》，《大正新脩大藏經》第五十冊，「CBETA 電子佛典集成」，二〇一九年。
〔唐〕李顯撰，〈三藏聖教序〉，收錄於《御製大藏經序跋集》，《昭和法寶總目錄》第三冊，頁一四二一至一四二二。
〔唐〕智昇撰，《開元釋教錄》，《大正新脩大藏經》第五十五冊，「CBETA 電子佛典集成」，二〇一九年。
〔唐〕圓照撰，《貞元新定釋教目錄》，《大正新脩大藏經》第五十五冊，「CBETA 電子佛典集成」，二〇一九年。
〔唐〕義淨，《南海寄歸內法傳》，《大正新脩大藏經》第五十四冊，「CBETA 電子佛典集成」，二〇一九年。

〔唐〕義淨撰，《大唐西域求法高僧傳》，《大正新脩大藏經》第五十一冊，「CBETA電子佛典集成」，二〇一九年。

〔唐〕義淨撰，王邦維校注，《大唐西域求法高僧傳校注》，北京：中華書局，二〇〇四年。

〔唐〕義淨撰，王邦維校注，《南海寄歸內法傳校注》，北京：中華書局，二〇〇〇年。

〔唐〕道宣撰，《續高僧傳》，《大正新脩大藏經》第五十冊，「CBETA電子佛典集成」，二〇一九年。

〔後晉〕劉昫等撰，楊家駱主編，《新校本舊唐書》，臺北：鼎文書局，一九八一年。

〔宋〕志磐撰，《佛祖統紀》，《大正新脩大藏經》第四十九冊，「CBETA 電子佛典集成」，二〇一九年。

〔宋〕法雲編，《翻譯名義集》，《大正新脩大藏經》第五十四冊，「CBETA 電子佛典集成」，二〇一九年。

〔宋〕趙明誠撰，金文明校證，《金石錄校證》，上海：上海書畫出版社，一九八五年。

〔宋〕歐陽修、宋祁等撰，楊家駱主編，《新校本新唐書》第一冊，臺北：鼎文書局，一九八一年。

〔宋〕贊寧撰，《宋高僧傳》，《大正新脩大藏經》第五十冊，「CBETA電子佛典集成」，二〇一九年。

二、專書

白文固、趙春娥，《中國古代僧尼名籍制度》，青海：青海人民出版社，二〇〇二年。
周運中，《中國南洋古代交通史》，廈門：廈門大學出版社，二〇一五年。
曹仕邦，《中國佛教譯經史論集》，臺北：東初出版社，一九九二年。
梁啓超，《佛學研究十八篇》，上海：上海古籍出版社，二〇〇九年。
陳高華、陳尙勝，《中國海外交通史》，臺北：文津出版社，一九九七年。
湯用彤，《湯用彤全集》第一、二卷，河北：河北人民出版社，二〇〇〇年。
馮承鈞，《歷代求法翻經錄》，臺北：臺灣商務印書館，一九六二年。
劉果宗，《中國佛教各宗史略》，臺北：文津出版社，二〇〇一年。
釋印順，《原始佛教聖典之集成》，臺北：正聞出版社，一九八八年。
釋印順，《說一切有部爲主的論書與論師之研究》，臺北：正聞出版社，一九八九年。
釋東初，《中日佛教交通史》，《東初老人全集》（二），臺北：東初出版社，一九八五年。
釋東初，《中印佛教交通史》，《東初老人全集》（三），臺北：東初出版社，一九八五年。
釋聖嚴，《戒律學綱要》，《法鼓全集》第一輯第三冊，二〇〇五年網路版。

釋聖嚴，《密教史》，《法鼓全集》第二輯第五冊，二〇〇五年網路版。
鄭岩、劉善沂編著，《山東佛教史跡——神通寺、龍虎塔與小龍虎塔》，臺北：法鼓文化事業股份有限公司，二〇〇七年。

三、單篇論文

妙傑，〈再論三階教的歷史定位〉，《普門學報》第三十一期，二〇〇六年一月，頁二一三至二四〇。
白金銑，〈《佛說無常經》的傳譯與喪葬禮儀〉，《中華佛學學報》第二十期，二〇〇七年七月，頁六十五至一〇三。
林世田，〈大雲經疏〉初步研究，《文獻季刊》第四期，二〇〇二年十月，頁四十七至五十九。
林惠勝，〈燃指焚身——中國中世法華信仰之一面向〉，《成大宗教與文化學報》第一期，二〇〇一年十二月，頁五十七至九十六。
林鳴宇，〈《金光明經》信仰及其懺法之流傳〉，《佛學研究》第十三期，二〇〇四年，頁一六八至一七四。
徐東來，〈義淨對因明學的貢獻〉，《華東師範大學學報（哲學社會科學版）》第四期，一九九九年，頁二十七至三十四。
曹仕邦，〈中國佛教的譯場組織與沙門的外學修養——大乘佛教奠基於東亞的兩大要素〉，《中華佛學學報》第十二期，一九九九年七月，頁一一三至一二九。
許明銀，〈密教——最後的佛教〉，《輔仁宗教研究》第二十八期，二〇一四年，頁八十七至一五〇。
陳登武，〈從內律到王法：唐代僧人的法律規範〉，《政大法學評論》第一一一期，二〇〇九年十月，頁一至七十九。
溫金玉，〈唐義淨律師戒律觀研究〉，《中國哲學史》第二期，二〇〇九年，頁三十二至三十九。
鄭阿財，〈敦煌寫卷《懺悔滅罪金光明經傳》初探〉，收錄於《潘石禪先生九秩華誕敦煌學特刊》，臺北：文津出版社，一九九六年，頁五八一至六〇一。
釋弘一，〈《佛說無常經》敘〉，《因明》卷十四、十五，一九七八年二月，頁三十九至四十四。
釋悟殷，〈唐代義淨三藏法師思想初探〉，《玄奘佛學研究》第二十八期，二〇一七年九月，頁一三七至一六六。

四、網路資源

「中國佛教寺廟志數位典藏」：http://buddhistinformatics.dila.edu.tw/fosizhi/

「中國哲學書電子化計劃」：https://ctext.org/zh

「法鼓山聖嚴法師數位典藏．法鼓全集」：https://ddc.shengyen.org/?doc=main

「佛學規範資料庫．人名規範資料庫」：https://authority.dila.edu.tw/person/

「佛學規範資料庫．地名規範資料庫」：https://authority.dila.edu.tw/place/

「《佛光大辭典》線上查詢系統」：https://www.fgs.org.tw/fgs_book/fgs_drser.aspx

國家圖書館出版品預行編目（CIP）資料

義淨大師：比肩玄奘／釋振溥編撰 — 初版
臺北市：經典雜誌，慈濟傳播人文志業基金會，2021.11
400 面；15×21 公分 —（高僧傳）
ISBN 978-626-7037-22-5（精裝）
1.（唐）釋義淨 2. 佛教傳記
229.34　110019453

義淨大師——比肩玄奘

創 辦 人／釋證嚴

編 撰 者／釋振溥
主編暨責任編輯／賴志銘
行政編輯／涂慶鐘
美術指導／邱宇陞
插圖繪者／林國新
校對志工／林旭初

發 行 人／王端正
合心精進長／姚仁祿
傳 播 長／王志宏
平面內容創作中心總監／王慧萍

內頁排版／尚璟設計整合行銷有限公司
出 版 者／經典雜誌
慈濟傳播人文志業基金會
112019臺北市北投區立德路2號
客服專線／（02）28989991
傳真專線／（02）28989993
劃撥帳號／19924552　戶名／經典雜誌
印 製／新豪華製版印刷股份有限公司
經 商 商／聯合發行股份有限公司
231028新北市新店區寶橋路235巷6弄6號2樓
（02）29178022
出版日期／2021年11月初版一刷
定 價／新臺幣380元